怒らないコツ

「ゆるせない」が消える95のことば

植西 聰

自由国民社

まえがき

「どういうわけか怒りっぽくなった」

「イライラしてばかりいる。そんな自分をどうにかしたい」

「ムカムカする感情を上手にコントロールできない」

最近、そのような悩み事をよく聞きます。

「怒りっぽくなった」という問題意識がある人は、もちろん、怒ることによって何かしら自分の人生に悪い影響があったということを実際に経験しているのでしょう。

たとえば、思わずカッとなって自分自身を見失い、とんでもない失敗をしてしまった、などといったことです。

イライラ、カリカリしている日々を送っているうちに、体調不良を感じるようになった、という人もいるかもしれません。

また、不用意に怒ってしまったことで、人間関係が悪化したり、周りの人たちから悪い印象で見られるようになった、という経験を持つ人もいるでしょう。

このように、「怒る」ということは、その人の人生に色々な意味で悪い影響をもたらしてしまうのです。

感情的になって怒って良いことなど、ほとんどありません。

では、「怒らないでいるためには、どうすればいいか」ということになるのですが、これがなかなか難しいのです。

しかし、**「怒らないコツ」**がないわけではありません。

その方法はあります。

そして、そのコツさえつかめば、今よりもずっと平穏な人生を送っていくことができるのです。

そして、人間関係も良くなり、周りの人たちと仲良くやっていけるようになります。

また、日頃のストレスもずっと軽減されるでしょう。

仏教の創始者であるブッダも、やはり「怒ってはいけない」と説きました。

そして、「怒りを静めるためには、知恵が必要だ」と述べました。

そんな「怒らないための知恵」を、できる限り幅広く取り上げたのが本書です。

「怒り」という感情は、どこから生まれてくるのでしょうか?

それは人の「心」です。

心から、怒りという感情は発せられるのです。

言い換えれば、その**心のあり方を変えることができれば、ささいなことで怒らないで済むようになります**。

その心のあり方を変えるために必要となるものが**「知恵」**なのです。

まずは、怒ることによって自分の人生には多くの災いや損が生じることに気づくことが大切です。

それに気づくこと自体が、一つの「知恵」なのです。

そして、その気づきが「怒らない生き方」への出発点になります。

著者

目次

第3章　とっさの怒りを静める方法とは　63

第4章　怒らないための生活習慣　85

第5章　心に余裕を持って生きる　109

第6章　リフレーミングによって、怒りを静める　133

第7章　メタ認知能力をアップする　157

第8章　コミュニケーション能力を高める　179

第9章　あえて争わない、言い返さない　203

第1章
怒りは人生に災いをもたらす

激しく怒ることで、人はたくさんの「損」をしている

◆怒らないことで幸福と成功に近づける

「短気は損気《そんき》」ということわざがあります。

これは、**「気が短く、ちょっとしたことですぐにイライラしたり、激しく怒ったりする人は、その結果、自分自身が損をすることになる」**という意味を表しています。

自分の思うように動いてくれない友人に、思わずイライラして怒鳴り散らしてしまうこともあるでしょう。

その結果、友情が壊れてしまって、大切な友人を一人失ってしまった、という経験をした人もいるかもしれません。

あるいは、取引先のいる前で、感情的になって怒ってしまい、進行していたプロジ

エクトがご破算《はさん》になった、という人もいるかもしれません。

そのように色々な意味で「感情的になって怒る」という人は、人間関係や仕事において損をしていることが多いのです。

怒りという感情のために、大切な人を失い、重要な仕事を失うのです。

そのために幸福や成功から遠ざかってしまうこともあります。

そういう意味では、充実した人生を実現するためには、「怒らない」ということがとても大切な要素になっていきます。

「怒らない」ということで、誰でも幸福に近づけます。

「怒らない」ということをモットーにして生きていくことで、成功を手にする可能性が大きく膨《ふく》らんでいくのです。

「怒らない」ということで、自分自身の人生にはたくさんの良いことがもたらされるのです。

怒りっぽい人ほど、心臓病のリスクが高まってしまう？

◆健康的な人は「怒らないこと」をモットーにして生きている

気が短く、イライラしやすく、また怒りっぽい人の性格を、医学の呼び方で**「タイプA型行動パターン」**と言うことがあります。

アメリカのフリードマンという医師が、そう名づけました。

彼は心臓病の専門医でした。

彼は、ある時、興味深いことに気づきました。

病院の待合室の布製のソファーが、いつも異常に早く擦《す》り切れてしまうことに気づいたのです。

そこで待合室を観察していると、患者さんたちが待ち時間にイライラして、ソファーの布をむしったり、こすったりしていることがわかりました。

そのためにソファーの表がすぐに擦り切れてしまっていたのです。

その事実から、彼は、**「心臓病を持つ人には、性格的に、気が短く、イライラしやすく、また怒りっぽい人が多いのではないか」**と思い至りました。

そして、さらに詳しい調査を重ねた結果、確かに、そのような傾向があることがわかってきたのです。

イライラしたり、怒ったりすることは、その人にとって大きなストレスになります。

そして、その過重なストレスが心臓の働きに悪い影響をもたらしていたのです。

怒りは過重なストレスになります。

そしてストレスは、様々な病気の原因になります。

心臓病ばかりでなく、高血圧や動脈硬化など様々な病気を引き起こすリスクが高まるのです。

そういう意味では、健康のためにも「怒らない」ということが大切です。

怒らないことで、心身ともに健康な生活を送れる

◆安らぎに満ちた生活を送ることを考える

人生にとって一番大切なものは何でしょうか？

もちろん、お金も大切だと思います。

運命の人と出会えることもあるでしょう。

出世して地位を得ていくことも大切だと思います。

しかし、一番大切なものは何かと言えば、それは**「健康」**ではないでしょうか。

心身共に健康であってこそ、人は幸福でいられます。

いくらお金があっても、健康でなければ、そのお金を楽しく使うことができません。

健康でなければ、成功を目指してがんばっていくこともできないのです。

また、健康でなければ、出世も地位も望めなくなってしまうでしょう。

健康であるということが、あらゆる活動の基本なのです。

そして、**健康であるために大切なことの一つが、「怒らない」ということなのです。**

怒るということは、心身の強いストレスをもたらします。

そして、強いストレスは心臓病ばかりでなく、高血圧、胃潰瘍など様々な病気になるリスクも高めます。

精神的な病気としても、ストレスは、たとえば、うつ病になる危険を高めてしまうのです。

したがって、健康的に楽しい人生を実現するためには、「怒らない」ということが非常に大切になってくるのです。

「怒らない」とは、言い換えれば、ストレスが少ない生活を心がけるということです。

つまり、心身ともに安らぎに満ちた人生をすごしていく、ということです。

安らぎに満ちた人生が、健康をもたらしてくれます。

怒りの感情は、結局は自分自身に災いをもたらす

◆怒らないことは、自分自身の幸福につながる

イソップ物語に、『人とキツネ』という話があります。
ある農夫《のうふ》は、日頃から、キツネにとても腹を立てていました。
というのも、苦労して作物を育てている畑をキツネが食い荒らしてしまうからです。
ある日、その農夫は、仕返しをしてやろうと、一匹のキツネをつかまえました。
そして、オリーブ油をしみこませた綿《わた》を、そのキツネのシッポに巻きつけました。
そして、火をつけたのです。
シッポに火がついたキツネは、大慌てで逃げて行きました。
そして、その農夫の畑に逃げ込んだのです。

キツネのシッポの火は、畑の作物に燃え移りました。

ちょうど刈《か》り入れ時《どき》でしたから大変です。

実った作物は、ほとんどが燃え尽きてしまったのです。

この話は、

「いくら迷惑をかけられている相手であっても、無暗《むやみ》に怒ってはいけない。怒りにかられれば、結局は自分自身に災《わざわ》いがもたらされる」

という人生の教訓を示しています。

怒れば自分自身に災いがもたらされるということは、言い換えれば、「怒らない」ということが幸福な人生を得るための大切なコツになる、ということなのです。

つまり、自分自身のために「怒らない」ということを心がけていくことが大切なのです。

怒るということは、賢い選択ではありません。

どんなことに対しても気持ちを落ち着ければ、怒るということ以外に賢明な対処策が見つかります。

怒りの感情で、身を滅ぼしてしまうこともある

◆怒りにかられて無茶なことをしないように注意する

昔、次のような事件がありました。

ある主婦が料理をしている最中に、包丁《ほうちょう》で自分の手の指を切ってしまったのです。

血が出るほどの深い傷でした。

しかし、あいにく家には絆創膏《ばんそうこう》も包帯《ほうたい》もありませんでした。

そこでその主婦は、慌てて近所の薬局へ駆け込みました。

しかし、慌てていたので、お金を持ってくるのを忘れてしまいました。

薬局の店員は、「お金を支払ってもらわなければ、商品を売ることはできない」と、その主婦を追い返しました。

その主婦は、家に帰って、一万円を持って、またその薬局へ行きました。

すると、その店員は、今度は、「今お釣りがないので、一万円では商品を売ることができない」と断りました。

その主婦は思わずカッときて、家に帰ると今度は灯油の入ったポリタンクを持って、その薬局へ行きました。

そして、怒りにかられたその主婦は、店の中に灯油をまき、火をつけたのです。

もちろん、その主婦は、警察に逮捕されました。

その上、その主婦自身、大火傷《おおやけど》を追ってしまいました。

この話は、怒りという感情がいかに怖いものであるかを物語っているように思います。

この話のように、怒りの感情で、身を滅《ほろ》ぼしてしまうことも実際にあるのです。

自分が怒りっぽい人間だと、自覚できていない人もいる

◆自分の性格に気づき、そして生まれ変わる決心をする

とても穏《おだ》やかで、怒ることなどめったにない、という人がいます。

しかし、その人が、昔からそのような穏やかな性格だったのかと言えば、実はそうではなかった、というケースも多いようです。

現在、穏やかな性格の人であっても、「私は昔、とても怒りっぽい人間だったのです」と言う人も多いのです。

しかし、どこかで「私は怒ることによって、人生で様々な損をしている」と気づき、そして、「このままではいけない。ささいなことで怒らないよう、今後は自覚していこう」と決心したのです。

大切なのは、この「自覚」と「決心」なのです。

この**「自覚」と「決心」があれば、「怒りっぽい人」から「穏やかな人」へ、自分自身を変えていくことができます**。

そして、今よりももっと充実した人生を送れるようになるのです。

怒りっぽい人の中には、怒ることで自分自身がどんなに損をしているかまったく自覚できていない人も多いのです。

そのために、人生のどこかで、激しく怒ったことが原因で、取り返しのつかないような失敗をしてしまう場合もあります。

また、怒ってばかりいるストレスから、自分自身の健康を損《そこ》ねてしまう場合もあります。

そうなってからでは遅いと思います。

できれば、そうなる前に、怒ることで自分がいかに損をしているか気づき、そして、穏やかな人間に生まれ変わる決心をすることが大切です。

「いつも自分は正しい」という考え方を捨て去ってみる

◆相手が間違っていると決めつける前に、相手の話をよく聞く

「怒りっぽい人」から「穏《おだ》やかな人」に生まれ変わっていくための方法の一つに、「いつも自分は正しく、相手は間違っている」という考えを捨てる、ということがあります。

実は、怒りっぽい人というのは、この固定観念に縛られている人がとても多いのです。

ですから、話をしている相手とちょっと意見が異なったり、相手から嫌なことを押しつけられたりすると、

「どうしてこの人は、こんなことがわからないんだろう」

「どうして私が、こんなバカげたことをやらされなければならないんだ」

と、腹立たしい思いがしてきます。

そして、時には、その腹立たしい思いを表に出してしまったり、不機嫌な態度を取ったり、言わなくていいことを言ってしまったりします。

そのために、相手からの信頼を失ったり、また嫌われてしまうことにもなるのです。

したがって、大切なことは、**「いつも自分は正しく、相手は間違っている」と決めつけない**ことなのです。

そう決めつける前に、まずは相手の話をよく聞くことです。

そして、相手がどういう事情から、また、どういう気持ちから、そのように言ってくるのかを想像してみることです。

そうすると、「なるほど、そういう考え方もあるのか」と、うなづけるところが見つかります。

「この点は、私のほうが間違っていた」と気づく部分も出てきます。

そして、怒ることなく、冷静に相手と話し合うということができるようになるのです。

カチンとくることがあっても、すぐに反応しないようにする

◆怒りで相手の話を折らない。相手の話を最後まで聞く

心理学に、**「ディレイ・テクニック」**という言葉があります。

これは、「怒らない生き方」のための一つの実践方法です。

「ディレイ（delay）」には、「遅らせる」という意味があります。

つまり、これは、**「反応を遅らせることで、怒りが生じるのを抑える」**という意味を表わしているのです。

たとえば、相手が言っていることに、思わずカチンときたとします。

しかし、そこですぐに、「何を言っているんですか。そんなこと無理に決まっているじゃありませんか」などと反論しないのです。

不機嫌そうな態度を取ったりすることもしません。

カチンとくることがあっても、そこで、すぐには反応しないように心がけるのです。

そして、**もう少し長く、相手の話を聞きます**。

そうすると、どういう意味で相手はそういう話をしているのか理解できます。

「相手の気持ちがわかる」

「相手の考えが理解できる」

「相手の立場に気づく」

ということが、「怒らない」ための非常に大切なポイントになります。

そして、そのためには、たとえカチンとくることがあっても、そこで怒りを表面に出して相手の話を折ってしまうのではなく、相手が言いたいことを最後までよく聞くことが大切になってくるのです。

そのために必要なのが、この「ディレイ・テクニック」という方法です。

怒りにかられて行動すると、手痛い敗北をすることになる

◆怒っていると、正しいアドバイスが耳に入らなくなる

戦国武将の徳川家康（16～17世紀）に、次のようなエピソードがあります。

家康がまだ天下を取って幕府を開く以前の話です。

当時、家康はまだ若く、三河国《みかわのくに》（現在の愛知県東部）の領主にすぎませんでした。

その時、甲斐《かい》の武田信玄が、天下を取るために京都へ向かって進軍を始めます。

家康の領地は、その信玄の進軍の途上にありました。

家康は、当然信玄は家康の軍勢に戦いを挑《いど》んでくるだろうと考えました。

そこで家康は、浜松城に籠城《ろうじょう》して、信玄軍を迎え撃つことにしました。

しかし、信玄軍は、浜松城に攻めかかってくることなく、素通りして行ってしまっ

たのです。

それを見た家康は、武士としてもメンツをつぶされたように思いました。

まるで信玄から「家康のような弱い相手など眼中《がんちゅう》にない」とバカにされているように思ったのです。

そして、怒りにかられて城を飛び出し、軍勢をひきいて信玄に闘いを挑んだのです。

その時、家康の家臣たちは、**「信玄は戦国最強の武将だ。下手に闘えば負けるに決まっている。自分たちを無視して素通りしていくのなら、そうさせればいい」**と、家康を押しとどめたと言います。

しかし、怒りに我を忘れた家康は、家臣の言うことを聞かずに、城を出て信玄に闘いを挑んだのです。

結局、家康は、信玄軍に手痛い敗北をし、危うく命を失うところでした。

それ以降、家康は**「怒らない」ということを人生のモットーにして、天下人まで登り詰めた**と言われています。

怒りを「敵」と考えて、怒らない人生を心がける

◆最大の敵は、自分自身の心の「怒り」の感情である

「怒りを敵と思え」。

これが、戦国武将の徳川家康の言葉です。

家康が活躍したのは、戦国時代でした。

自分たちの領国の周りは、敵だらけです。

そして、戦国武将たちは、天下を制覇《せいは》することを目指して闘いに明け暮れていました。

そのような状況の中、家康自身も、敵の策略にまんまとはまってしまったり、敵に裏をかかれたり、あるいは信頼していた人間が敵に寝返ったりする、という経験をた

くさんしてきました。

もちろん、そういう経験をした時は、家康は強い怒りを感じたと思います。

しかし、**怒りにかられて行動すれば、自分自身に大きな災《わざわ》いがもたらされる**と家康は知っていたのです。

怒りにかられて判断を下せば、大きな失敗を招《まね》くということを、家康はよく理解していたのです。

ですから、「怒りを敵と思え」という言葉をモットーにして生きたのです。

「怒りを敵と思え」とは、言い換えれば、**敵にだまされたり、裏をかかれることがあっても、決して怒ることなく、あくまでも冷静に対処することが大事だ**、ということです。

家康は、また、臨終《りんじゅう》の際に、遺言としてこの「怒りを敵と思え」という言葉を息子たちや家臣に言い伝えたといわれています。

怒らないということによって、人生に打ち勝つ

◆「欲張らない」「愚かでいない」そして「怒らない」を心がける

仏教に**「三毒《さんどく》」**という言葉があります。
「人生に不幸をもたらす三つの毒」という意味です。
その「三つの毒」とは何かと言えば、一つには**「貪《とん》」**です。
「貪」とは、「欲張る」ということです。
もう一つには、**「瞋《じん》」**があります。
「瞋」とは、「怒る」ということです。
そして、**「痴《ち》」**があります。
「痴」とは、「愚《おろ》か」ということです。

つまり**「欲張ること」「怒ること」「愚かであること」が、その人に不幸をもたらす大きな原因になる**、と仏教は教えているのです。

言い換えれば、幸福に生きていくために大切なことは、「欲張ってはいけない」「怒ってはいけない」「愚かであってはいけない」ということです。

この「怒らない」ということを、もっとも大切な教えの一つとして強調しているのが、仏教の特徴だと言ってもいいでしょう。

ブッダ自身も、「怒らないことによって、怒りに打ち勝て」と、弟子たちに教えました。

「決して怒ることなく、いつも平穏な心を心がけていくことが、人生に打ち勝つことにつながる」という意味です。

そして、「人生に打ち勝つ」とは、困難を乗り越えて、幸せな気持ちで生きていけるようになる、ということを示しているのです。

つまり、幸福のコツの一つが、「怒らない」ということなのです。

第2章
良き人間関係のために、怒らない

人間関係を大切にするために「怒らない」を心がける

◆怒って、自分を支える人を失わないようにする

「怒り」という感情は、様々な形で、人の人生に悪い影響をもたらします。

そのもっとも大きな「悪い影響」とは、「人間関係を悪化させる」ということだと思います。

怒りにかられて身近な人に当たることによって、いい親友を失うことにもなります。

また、仕事の関係者との信頼関係を壊してしまうことにもなります。

また、恋人や夫婦が別れてしまう原因にもなります。

そういう意味では「怒らない」ということが、身近な人たちとの人間関係を良好に

します。

また、いつまでも身近な人たちの支えを得て自分自身が幸せに生きていくことができます。

哲学者の三木清《みききよし》（19〜20世紀）は、**「怒りとは分離である」**（意訳）と述べました。

この言葉にある「分離」とは、言い換えれば、**「人間関係を引き裂《さ》く」**ことです。

これまで良い関係を保ってきた相手であっても、ささいなことで怒りの感情をぶつけてしまうことによって、その相手と「分離」してしまうこともあるのです。

つまり、その人との関係が壊れ、お互いに離れ離れになってしまう、ということです。

人間は、言うまでもなく、一人では生きていけません。色々な人に支えられて生きています。

そういう意味では、周りの人たちと円満な関係を保っていくことは、自分自身の人生にとって非常に重要なのです。

そして、そのために大切なのが「怒らない」ということなのです。

妥協できない人は怒りっぽく、妥協できる人は穏やかに生きる

◆我を張って衝突するよりも、上手に妥協して仲良くなる

人間関係では、時に、妥協することも必要になってきます。

上手に妥協することが、「怒らないコツ」だからです。

他人と妥協できない人は、

「どうして、あの人は、いくら説明してもわかってくれないんだ」

「私の言う通りにしていればいいのに、どうしてあの人は私の言うことに反対ばかりするのか」

と、他人に対して怒ってばかりいることになります。

相手には相手の考え方や、やり方があるのです。

相手にも、「こうしたい」という希望があるのです。

そんな相手の意向が、自分の意向と完全に一致していれば問題はありませんが、往々にして、相手の意向と自分の意向とは食い違ってしまいます。

そういう時には、その相手とよく話し合って、お互いに納得できる地点を探し出す必要があります。

言い換えれば、相手にも妥協してもらい、そして自分も相手に妥協しなければなりません。

妥協するとは、言い換えれば、お互いに相手の意向を尊重しながら歩み寄るということです。

このように**上手に妥協ができる人は、他人と衝突してしまうことが少ない**のです。

その結果、自分自身としても、怒りという感情に振り回されてストレスを溜め込むことはありません。

また、周りの人たちと穏やかな人間関係を結んでいくことができるのです。

上手に妥協することは、自分を大切にすることでもある

◆人と上手に妥協できる「利口者」として生きていく

フランスの思想家であるラ・フォンテーヌ（17世紀）は、**「妥協できるのが、一番の利口者である」**（意訳）と述べました。

言い換えれば、我を張って、自分の主張を一切曲げることなく、周りの人たちと衝突ばかり繰り返している人は「利口者」ではない、という意味になります。

また、周りの人と衝突しては、怒ってばかりいるという人は「利口者」ではない、ということです。

そのような愚かなことはせずに、人とうまく妥協することを知っていて、上手に妥協することで周りの人たちと円満な関係を結んでいける人が「利口者」なのです。

この「利口者」という言葉には、色々な意味がこめられていると思います。

もちろん、文字通り、「頭がいい人」という意味もあるでしょう。

それと同時に、この「利口者」という言葉には、「自分を大切にする人」という意味も込められているのではないかと思うのです。

上手に妥協することによって、周りの人と仲良くし、いい関係を築いていける人は、対人関係で余計なストレスを溜め込むことはありません。

他人に対して怒ることもなく、いつも穏やかにしていますので、心身ともにリラックスしています。

自分の支えになってくれる人が周りにたくさん増えるので、安心して生きていくこともできます。

そのおかげで、心も体も元気一杯になります。

そういう意味で、**妥協できる人は「利口者」であり、また「自分を大切にする人」だ**と思うのです。

人を叱る時には、感情的になって叱ってはいけない

◆理性的に、穏やかに叱る

人を叱る時に、怒りにかられて相手を叱らないように注意することが大切です。

怒りにかられて相手を叱ると、その相手との信頼関係が壊れてしまうことになりかねないからです。

たとえば、上司が部下を叱る時です。

あるいは、親が子供を叱る時です。

夫が妻を、あるいは妻が夫を叱る時も同様です。

もちろん、相手を叱らなければならない時もあるでしょう。

その相手が何か悪い事をしたり、失敗した時には、叱らなければならないこともあ

るでしょう。

しかし、その時に、感情的になって相手を怒鳴り散らすようなまねをすれば、その相手との信頼関係が壊れてしまうことになります。

そうすれば、仕事もうまくいかなくなるでしょうし、家庭の雰囲気《ふんいき》も険悪なものになってしまいます。

中国の思想書である『菜根譚《さいこんたん》』（洪自誠《こうじせい》〈16〜17世紀頃〉の著作といわれる）に、**「人の悪を攻むるには、はなはだ厳《げん》なることなかれ」**という言葉があります。

「人の悪を攻むる」とは、一つのたとえとして「人の失敗を叱る」とも言えます。

「はなはだ厳なることなかれ」とは、人を叱る時は「あまり厳しすぎてはいけない」という意味です。

「厳しすぎる」とは、この場合、「感情的になって怒鳴り散らす」ということです。

感情的になれば、それは相手との信頼関係が壊れる原因になります。

ですから、この言葉は、**「感情的にならず、理性的に、穏《おだ》やかに、相手を叱ることが重要だ」**ということを言っているのです。

善良な気持ちからの失敗であれば、あえて叱らないほうがいい

◆相手がどういう心がけで失敗したのか、よく考えてみる

古代中国の思想家である孔子《こうし》（紀元前6～5世紀）は、**「過《あやま》ちを観《み》て、ここに仁《じん》を知る」**と述べました。

この言葉にある「仁」には、「善良な心」「まじめな心」といった意味があります。

つまり、この言葉は、**「人の過ちの中に、その人の善良な心があることを知る」**と指摘しているのです。

もう少し詳しく説明すると、次のようになります。

悪い心から失敗をした場合には、その人を叱ることも必要になってくるでしょう。

しかし全ての人が、悪い心や、ズルい心から過ちを犯すわけではありません。

たとえば、「会社のために貢献したい」「人に喜びを与えたい」という善良な気持ちからしたことが、思わぬ失敗をしてしまうこともあるのです。

もし「貢献したい」「人のためになりたい」とう気持ちからしたことで失敗した場合には、その人を感情的になって叱るべきではないのです。

そんなことをすれば、相手の「善良な心」や「まじめな心」を否定してしまうことになるからです。

そうなれば、その人は「貢献したい」「人のためになりたい」という意識を失ってしまうことになるでしょう。

したがって、もしその相手に「善良な心」や「まじめな心」があるとわかった場合には、その失敗を叱るよりも、むしろ優しく指導して励《はげ》ましてあげることが大切です。

孔子は、そういう意味のことを、この言葉で述べているのです。

信望は「怒る人」よりも「優しい心遣いの人」に集まっていく

◆感情的に叱る人は、指導者になれない

中国の古代思想家である孔子に、次のようなエピソードがあります。

孔子がとても大切に飼っていた馬がいました。

ある日、孔子が出かけている間に、馬小屋が火事になりました。

そのために、馬小屋にいたその馬は焼け死んでしまいました。

その馬の世話を孔子から任されていた一人の男がいました。

その男は、孔子が帰って来て、大切な馬が死んだことを知ったなら、激しく叱られることになるだろうと怖れていました。

もしかしたら破門《はもん》になってしまうだろうとも考えました。

しかし、帰ってきた孔子は、大切にしていた馬が火事で死んだと知っても、馬の世話を任せていたその男を叱りはしませんでした。

むしろ、**「火事があったそうだが、あなたにはケガがありませんでしたか」**と、その男の身を心配する言葉を投げかけたのです。

その男は、その孔子の優しさに感動しました。

孔子は、その男が普段から、まじめに馬の世話をしていたことを知っていました。

また、馬小屋が火事になったことも、必ずしもその男の責任でないこともわかっていました。

ですから、感情的になって叱ることはなく、むしろその男の身を心配したのです。

人の上に立って、多くの人を指導していく立場にある人は、この孔子の話が参考になると思います。

それは、**人の信望を得るために大切なのは、無暗《むやみ》に人を怒ることではなく、むしろ人に優しい心遣いを見せるということ**なのです。

感情的になる人は損をし、怒らない人が得をする

◆感情的になりやすい人の周りからは、人が離れていく

次のような話があります。

一人の優秀な男性が、ある中小企業に就職しました。

ある日、彼は、大切な商談をするために取引先へ出かけることになりました。

その際、その会社の社長は彼を呼び止めて、「商談の帰りに靴下を買ってきてくれ」と頼みました。

その商談は大変うまくきました。

彼は、「これで会社に大きな貢献ができる。会社の業績も、私がこの商談をまとめたことで、大きく伸びるだろう。社長も大喜びしてくれるだろう」と、うれしい気持ち

で一杯になりました。

しかし、あまりに舞い上がってしまったために、彼は社長から頼まれた靴下を買ってくるのを忘れてしまいました。

そして、会社で彼を出迎えたその社長が、商談が大成功だったことなど一つもほめずに、彼が靴下を買い忘れてきたことを感情的になって怒りました。

結局、彼は、「あんな社長にはついていけない」という気持ちになって、その会社を辞めてしまいました。

そして、転職先の会社で大活躍しています。

その会社からすれば、優秀な社員を一人失ってしまうことになったのです。

「感情的になって怒る人」の周りからは、このようにして優秀な人材がどんどん離れていくことになりやすいのです。

そして、それは結局、怒った人自身にとって損なことになるのです。

「得する人」になりたいのであれば「怒らない」ということが大切です。

「クロス・ポジション」によって、相手の立場になってみる

◆自分が怒ったら、相手はどう感じるかを考えてみる

円満な人間関係を築いていくために大切なコツは、**「相手の立場になってものを考える」**ということです。

これを心理学では、**「クロス・ポジション」**と言います。

この言葉の「クロス（cross）」には、「交差させる」という意味があります。

つまり、自分のポジション（立場）と、相手のポジションを交差させて、相手の立場になってものを考えてみる、ということです。

そして、この「クロス・ポジション」という視点が、怒らないコツの一つになります。

たとえば、腹が立つ相手に対して、怒りに任せて相手の人格を否定するような、ひどい言葉を浴びせかけたとします。

その時に、**「相手は、どんな気持ちになるだろう」**と想像してみるのです。

「クロス・ポジション」つまり相手の立場になって、相手の気持ちを想像してみるのです。

そうすれば、「ひどい言葉を浴びせかけられて、相手は嫌な思いになるに違いない。もしかしたら、これをきっかけに、相手は私を恨《うら》むようになるかもしれない」と気づきます。

それが、怒りを抑えるきっかけになります。

「感情的になって、ひどい言葉を言い放つのではなく、もっとやさしい言葉で説得するようにしよう」と思い直すことができるのです。

この「クロス・ポジション」を心の習慣にすることで、良い人間関係を築いていけます。

相手の性格を知れば、腹立たしい気持ちが和らいでいく

◆「信頼されていない」と考える前に、相手の性格を知る

相手の性格を知るということが、「怒らないコツ」の一つになります。

ある男性の上司は、細かいことにとてもうるさい性格です。

彼がしている仕事の細かいことについて、「あれはだいじょうぶか？　これはどうなっている？」と、いちいち口を出してくるのです。

そのことについて彼は、「上司は私を信頼していないのだろうか？　信頼していないから、細かいことに口を出してくるのだろうか？」と腹立たしい気持ちになることもよくあると言います。

恐らく、「私は信頼されていない」という意識に縛られている限り、彼の腹立たしい

気持ちは消え去ることはないでしょう。

むしろ、その上司への不信感がさらにいっそう募《つの》っていき、腹立たしい気持ちも大きくなっていくばかりだと思います。

さらに、仕事への意欲も失っていくことになるかもしれません。

しかし、その上司は、彼の仕事を信頼していないとは限りません。

ただ、性格的に「細かいことにうるさい」というだけかもしれません。

そのことがわかれば、腹立たしい気持ちも和らぐのです。

なぜなら、「上司は、ああいう性格だから、細かいことに口を出してくる」と、自分を納得させることができるからです。

「信頼されていないのではなく、ああいう性格なのだから、仕方ない」と、冷静な気持ちに立ち返ることができるのです。

そういう意味で言えば、**人間関係で何か、相手に対して腹立たしい気持ちになった時は、相手の性格について考えてみる**ことが必要です。

自分と異なる価値観を持つ相手を、認めて受け入れる

◆「人はそれぞれ異なる価値観を持つ」と再確認する

人の価値観はそれぞれ違います。

たとえば、自分自身は、「仕事というものはパッパと素早く片づけてしまうことが大切だ」という価値観の持ち主だったとします。

しかし、隣《となり》で働いている同僚は、「仕事というものは、じっくりと慎重に進めていくことが大事だ」という価値観の持ち主であるかもしれません。

そのような時、「仕事は素早く～」という価値観の持ち主である自分とすれば、隣にいる同僚に「どうして、この人の仕事のやり方は遅いのだろう。もっと早く仕事を進められないのか。見ていてイライラしてくる」と、腹立たしい気持ちにさせられるこ

とがあるかもしれません。

特に、共同して一つの仕事をしている場合は、一層いら立ちが増してしまうことになるでしょう。

しかし、その同僚とすれば、自分の価値観にもとづいて仕事を進めているだけなのです。

自分が、それに怒っても仕方ありません。

こういうケースで大切なのは、**自分の価値観のモノサシを相手に当てはめない**、ということです。

人はそれぞれ異なる価値観を持って生きているという当たり前のことを再確認することが必要です。

そして、相手の価値観を尊重し、受け入れる意識を持つのです。

そのように考え直してみれば、価値観の違う相手に無暗《むやみ》に腹立たしい気持ちを感じることもなくなるでしょう。

「期待しているから、厳しく怒る」のでは失敗してしまう

◆「期待している」ことをしっかり相手に伝える

上司というものは、時として、期待している部下に限って、厳しく対応してしまうようです。

その部下がちょっと仕事の実績が伸び悩んでいるだけでも、その上司は怒りをあらわにして激しく怒ってしまうのです。

その部下は、周りの人たちに比べれば、それでも高い実績を出しているのです。

しかし、期待が大きい分、より高い実績を出してもらわないと、上司としては満足できないのです。

そのために、つい怒ってしまうのです。

そういう意味では、厳しく怒るのは、「期待の裏返し」だと言っていいのでしょう。

ただし、問題は、その部下が「上司から期待されている」ということを理解しているかどうかです。

「上司は、私に期待してくれているから、厳しく叱ってくる」と、本当にわかっているかどうかです。

実際には、上司から激しく怒られたことで、その部下は、「私は上司から嫌われているんだ」と考えてしまう場合も多いようです。

そして、仕事へのやる気を失っていくのです。

そういう意味では、いくら期待しているからと言って、感情的になって部下を叱ってしまうのは、上司として得策ではありません。

むしろ、「君に期待している」ということをちゃんと部下に伝えることが大切です。

そして、頭ごなしに怒るのではなく、**「君はもっとできるはずだ」**という言葉で、期待する部下を励ます言葉をかけるほうが良いと思います。

第3章 とっさの怒りを静める方法とは

10秒間だけ「ストップ・シンキング」を試みてみる

◆心の中で、何も考えずに10数える

怒らないコツに、**「無心になる」**ということがあります。

つまり、「何も考えない」ということです。

心理学に**「ストップ・シンキング」**という言葉があります。

これは「思考停止」という意味であり、つまり「何も考えない」ということです。

怒りの感情というのは、それほど長続きはしません。

怒りの感情が持続するのは、心理学の研究では、およそ6〜10秒程度だと言われています。

その、ほんのわずかな時間だけ、「ストップ・シンキング」を試みます。

つまり、「何も考えないでいる」ということです。

そうすれば、自然に、怒りの感情は静まっていきます。

昔から、**「怒りを感じた時は、心の中で十数える」**とよく言われてきました。

これは、怒りを静める方法として、ちゃんとした心理学的な根拠があることなのです。

この言葉につけ加えるとすれば、**「心の中で、何も考えずに十数える」**ということです。

「上司の、あの言い方が頭にくる」

「悪口を言われたので、腹が立つ」

と感じた時は、その人のことを忘れ、10秒間ストップ・シンキングを試みてみるのです。

そうすると、気持ちが落ち着いてきます。

そして、冷静な自分に立ち戻ることができるのです。

怒鳴り散らすから、一層怒りの感情が大きくなっていく

◆ゆっくりと深呼吸をして、まずは気持ちを落ち着ける

小説家の徳富蘆花《とくとみろか》（19～20世紀）は、**「怒りは言葉と共に増え、動くと共に加わるものだ」**（意訳）と述べました。

たとえば、強い怒りにかられたとします。

その時、相手に向かって大声で怒鳴り散らします。

あるいは、物に当たって、その物を壊したりします。何かを投げ飛ばしたりします。

そのような**「乱暴な言葉」や「乱暴な行動」に訴《うった》え出てしまうと、その怒りの感情は一層激しいものになっていく**、と徳富蘆花は指摘しているのです。

その意味で大切なのは、たとえ怒りの感情にとらわれたとしても、その怒りを言葉

や行動によって表に出さない、ということです。

怒鳴れば、ますます腹立たしい思いがしてきます。

乱暴な振る舞いをすれば、怒りの感情が倍加します。

したがって、まずは気持ちを静めることです。

そして気持ちを静めるために大切なことは「ストップ・シンキング」、つまり「何にも考えない」ということなのです。

いわば「無心」になることです。

そのためには、**ゆっくりと深呼吸してみる**のもいいでしょう。

短い時間、**目をつぶって数を数える**のもいいと思います。

ただ空を眺めている、というのでも良いでしょう。

そのようにして、怒りの感情を言葉にも行動にも出さず、しばらくの間何も考えないでいることによって、自然に気持ちが落ち着いてきます。

そのうちに怒りは徐々に消えていくでしょう。

怒りの感情を口にせず、心の中で忘れ去ってしまうのがいい

◆怒りの感情を口にしないのが、「禅」の生き方になる

鎌倉時代後期の僧侶である無住《むじゅう》（13〜14世紀）は、**「口に言うを禅とせず。心に諸念《しょねん》を忘れて、寂静《じゃくじょう》なるを禅と言うべし」**と述べました。

「口に言う」とは、たとえば、イラッときた時に、その怒りの感情を口に出して、「なに、やってんだ」「どうなっているんだ」「どうして、できないんだ」「なぜ、わからないんだ」といったように、言ってしまうことです。

この言葉にある「禅」とは、「心安らかに生きるコツ」といった意味があります。

そのようにして怒りの感情を直接口にして言ってしまうことは「禅とせず」、つまり、心安らかに生きることにはつながらない、と指摘しているのです。

次の「心に諸念を忘れて」とは、「怒りやイライラや不満といった感情を忘れ去る」ということです。

言い換えれば、無心になるということです。

何も考えないでいる、ということです。

そして、「寂静なる」とは、「気持ちを静めて落ち着いている」という意味です。

つまり、禅の状態です。

この**「寂静なる」ということこそが、心安らかに生きるコツだ**ということなのです。

まとめると、**イラッとすることがあっても、その怒りを口に出さない→そのイラッとした気持ちを忘れ去る→無心になって心静かにしている**、ということになります。

こういう思考パターンを日常生活の中で心がけていくことで、心安らかに生きていけるようになります

つまり、「怒らない生き方」を実現できるのです。

怒りの感情にとらわれた時には、ゆっくりと深呼吸してみる

◆怒り出す前に、深呼吸をして気持ちを落ち着ける

怒りの感情にかられている時、気持ちを静める上で「**深呼吸**」がとても効果的なことが知られています。

腹式呼吸で、ゆっくりと息を吸い、ゆっくりと吐き出します。

これを何度か繰り返していくに従って、気持ちがスーッと落ち着いてくるのです。

深呼吸をすると、なぜ気持ちが落ち着くのかと言えば、それは副交感神経の働きが良くなるからです。

人間の自律神経には、**交感神経**と**副交感神経**の働きがあります。

それぞれ、その人の精神に影響をもたらします。

たとえば、**交感神経は、緊張や興奮をもたらします。**

一方で、**副交感神経は、安心や安らぎをもたらします。**

人が怒りの感情にとらわれている時は、この交感神経の働きが強まります。

そして、副交感神経の働きが弱まります。

この時に、ゆっくりと深呼吸をすると、交感神経の働きが弱まり、それに伴って、副交感神経の働きが強まっていくのです。

その結果、怒りの感情が静まって、気持ちが落ち着いてくるのです。

したがって、**「頭に来た」「腹が立つ」といったように強い怒りを感じた時は、その場でゆっくりと深呼吸を繰り返す**ことが良いと思います。

怒りにかられて無茶なことをして失敗するというリスクを低くすることはできるでしょう。

また、乱暴なことを言って、身近な人との関係が壊れてしまうという危険を避けることもできると思います。

怒りを静めるための自分なりの「呪文」を用意しておく

◆「呪文」の力によって怒りを静める方法を学んでおく

心理学に**「コーピング・マントラ」**という言葉があります。

「コーピング（coping）」には、「ストレスに適切に対処すること」という意味があります。

また、「マントラ（mantra）」とは、「呪文《じゅもん》」という意味です。

つまり、「コーピング・マントラ」とは、**「呪文を使うことによって、ストレスに上手に対処する」**ということを意味しているのです。

この場合、「呪文」といっても、なにも難しいことを想像する必要はありません。

たとえば、

「気にしない、気にしない」
「小さなことだ。ささいなことだ」
「しょうがない。どうにかなる」

といった、自分なりに考え出した短い言葉でいいのです。

たとえば、カッときて、思わず怒りの感情が爆発しそうになった時に、このような自分なりに考え出した言葉、つまり「呪文」を唱《とな》えてみるのです。

そうすることで、怒りの感情がおさまって、気持ちが落ち着いてきます。

特に怒りっぽい性格の人は、何か気持ちが落ち着くような、自分なりの「呪文」を用意しておくほうが良いと思います。

そして、怒りの感情が静まるまで、この言葉を心のなかでつぶやき続ける、ということを習慣にするのです。

それが、「怒りを抑える」ということのいいトレーニングになります。

この「コーピング・マントラ」を持続することで、感情コントロールがうまくできるようになっていきます。

腹立たしい相手の顔が見える場所から離れてみる

◆その場を離れることによって、怒りの感情が和らいでいく

怒りの感情を上手に静める方法に、**「とりあえず、その場から離れてみる」**ということがあります。

たとえば、学生の頃、自分の進路をめぐって親と衝突したことがある、という経験を持つ人もいると思います。

その時、自分の希望を認めてくれない親に腹が立ってしょうがなくなった人もいると思います。

そして、「怒りが爆発しそうだ」という気持ちになった時、自分の部屋に引きこもったり、あるいは家を出て外を散歩した、という人もいるのではないでしょうか。

これが、実は、「とりあえず、その場から離れてみる」ということなのです。

親と口論になっている場から離れ、親の顔の見えない場所へと移動して、怒りの感情を静める方法なのです。

この方法を、心理学では**「タイム・アウト」**と言います。

「タイム・アウト」には、「休止する」という意味があります。

つまり、いったん、言い争うことを休止するのです。

そして、言い争っていた場所から離れて、しばし心を休めるのです。

そうすることで、熱くなっていた怒りの感情が冷却されます。

その結果、落ち着いてものを考えられるようになるのです。

たとえば、夫婦や恋人と口論となった時、あるいは友人と言い争いになった時、その怒りの感情を冷《さ》ますために、この「タイム・アウト」を試みることも有効な手段になると思います。

しばらくの時間、相手の顔が見える場所から離れることで、気持ちが落ち着きます。

イライラが止まらなくなったら、「気持ちが安らぐ場所」へ行く

◆気持ちが安らぐ場所が、いい気分転換をもたらしてくれる

人それぞれ、「気持ちが安らぐ場所」があると思います。

行きつけの喫茶店に行くと、自然に気持ちが安らぐ、という人もいると思います。

図書館に行くと、不思議に気持ちが落ち着いてくる、という人もいるでしょう。

近所の公園に行って、花壇《かだん》に咲く季節季節の花を眺めていると、気持ちが穏やかになっていく、という人もいるかもしれません。

怒りが爆発しそうになった時には、そのような自分なりの「気持ちが安らぐ場所」に逃げ込む、という方法もあります。

たとえば、仕事がなかなかうまくいかずにイライラしている場合です。

現状を打開するようないいアイディアも思いつきません。

人間関係で怒りが爆発しそうになってしまいます。

そんな時には、ちょっとの時間、仕事から離れて、自分なりの「気持ちが安らぐ場所」へ行ってみるのです。

それがいい気分転換になって、怒りの感情が和らいでいきます。

また、気持ちが落ち着くことによって、頭の働きが柔軟になって、行き詰まった仕事を打開するようないいアイディアがふと浮かんでくるかもしれません。

その場で、イライラしながら悩み続けたとしても、いいアイディアというものはなかなか浮かんで来ないものです。

かえって、怒りの感情が大きくなっていくばかりでしょう。

ですから、仕事のことはとりあえず横に置いておいて、気持ちが安らぐ場所へ行ってみるのが良いと思います。

そうすれば、また新鮮な気持ちで仕事を再開することができます。

愛する人の写真を眺めて、気持ちを穏やかにする

◆愛する人の写真を身近に置いておく

愛する家族や、あるいは恋人の写真を仕事机の上に置いていたり、手帳にはさんでいたりする人がいます。

怒りの感情を抑えられない時、そのような**「愛する人の写真」に目をやる**のも、怒りを静める有効な方法の一つになります。

愛する人の写真を眺めているうちにホッと心が安らいでいき、怒りの感情を忘れることができるのです。

また、「こんな小さなことでいちいち腹を立てていないで、私が愛する人のために、がんばろう」という新鮮な意欲も生まれてくるのです。

人によっては、ペットの写真を仕事机の上に置いていたり、手帳にはさんでいる人もいます。

愛情を注いでかわいがっているイヌやネコといったペットの写真を身近に置いておきたいのでしょう。

そして、イライラが止まらなくなったような時に、そのペットの写真に目をやるのです。

家庭で愛情を持って育てている植物の写真を撮っておいて、その写真を仕事場の身近な場所に飾っておくのでもいいでしょう。

そうすることで、気持ちが穏やかになっていきます。

いずれにしても、**写真を通して「温かい愛情を感じる」**ということがポイントなっています。

そのような写真がない場合は、愛する人の顔や、愛するペットの様子、あるいは愛情を持って育てている植物のことを、頭の中で想像しているだけでも効果があります。

我がままな人に腹を立てる前に、信頼できる人に相談してみる

◆怒りそうになったら誰かに相談する習慣を持つ

「怒らない生き方」を実践するためのコツとして、**「怒る前に、信頼できる人に相談する」**ということがあります。

たとえば、友人の一人に、とても我がままな人がいたとします。

自分勝手な振る舞いをして、迷惑をかけてくることもよくあります。

とんでもない願い事を、押しつけてくることもあります。

その度に、怒りにかられそうになってしまうのです。

しかし、相手がいくら我がままな人間だったとしても、感情的になって怒ってしまうのは得策ではないでしょう。

そのような行動を取れば、自分自身が嫌な思いをいつまでも引きずることになるからです。

また、そのために、楽しい気持ちで日々を暮らしていけなくなってしまうのです。

したがって、こういうケースでは、我がままな相手に怒りをぶつけてしまうよりも先に、信頼できる第三者に相談するという方法があります。

こちらの相談事に親身になってくれる人に、**「あの人との関係で悩んでいる。どうすればいいのだろう」**と相談してみるのです。

悩み事を聞いてもらうというだけでも、気持ちが落ち着きます。

怒りの感情が和らぐのです。

また、その信頼できる相手は、たとえば、「我がままな人とは、少し距離を置いてつき合っていくほうがいい」などと第三者的な色々なアドバイスをしてくれるでしょう。

そのアドバイスがヒントとなって、我がままな友人に振り回されずに済む方法を見つけ出すこともできるようになるかもしれません。

身近に「メンター」がいる人は、怒りに振り回されずに済む

◆良き相談相手を身近に持っておく

心理学に**「メンター」**という言葉があります。

「メンター（mentor）」には、「良き相談相手」「良きアドバイザー」「良き指導者」といった意味があります。

この**「メンター」を身近に持っておく**ことも、大切な「怒らないコツ」の一つになるのです。

たとえば、一生懸命になってがんばっているのですが、仕事でなかなか思うようにうまくいかない時です。

そのために、自分自身の力不足に腹が立ってきます。

それぱかりか、周りの同僚たちが自分に協力してくれないことにもいら立ちが募《つの》ってきます。

自分自身にも、そして周りの同僚たちにも腹が立ってきて、怒りの感情が爆発しそうになってきます。

そのような時には、怒りを爆発させる前に、自分自身にとっての「メンター」に相談してみるのです。

自分自身にとっての「メンター」とは、「信頼できる上司」である場合もあるでしょう。

あるいは、「学生時代の友人」が、自分にとってのメンターだという人もいるかもしれません。

そのようなメンター、つまり**良き相談相手、良きアドバイザー、良き指導者に相談することで気持ちが冷静になり、不必要な怒りに我を忘れずに済む**のです。

メンターのアドバイスを得て、冷静な判断と行動ができる場合もあります。

第4章 怒らないための生活習慣

笑顔を心がけて生活していくことが「怒らないコツ」になる

◆普段から笑顔を心がけて、人とつき合っていく

日頃から「明るく笑う」ということを心がけている人は、あまり怒ることはありません。

「笑う」ということは、副交感神経の働きを良くする効果があるのです。

そして、副交感神経の働きが良くなると、気持ちが落ち着いてきます。

気持ちが前向きになり、また、ゆとりができるのです。

したがって、普通であれば怒ってしまうようなことを経験したとしても、「まあ、いいか」と軽く受け流すことができるのです。

そういう意味では、普段から明るく笑うことを心がけることが大切です。

家庭では、家族と笑顔で接するようにします。

仕事場でも、取引先や同僚たちとは、明るい笑顔で接するように心がけます。

もちろん、友人たちとも、笑顔のつき合いをしていくようにします。

そのように**日常生活の中で笑顔を心がけていくことで、「ささいなことで怒らない自分」を作り上げていくことができる**のです。

また、笑顔で人に接することで、周りの人たちとの関係が円満になっていきます。

これも重要な「怒らないコツ」になるのです。

周りの人たちと人間関係がギクシャクしがちな人は、ちょっとしたことで人と衝突してしまい、そのことで感情を荒立ててしまいます。

しかし、人間関係がうまくいっていれば、そのような無用な衝突を避けられるのです。

笑顔を心がけていれば、人間関係の中で怒るということも減っていくのです。

睡眠不足になると、ささいなことでカッとなりやすい

◆睡眠不足の人は、上手に昼寝を利用する

睡眠不足は、副交感神経の働きを低下させてしまうことがわかっています。

その一方で、睡眠不足は交感神経の働きを高めます。

副交感神経の働きが低下し、交感神経の働きが高まりすぎると、強い緊張感がもたらされます。

神経がいつもピリピリしている状態になるのです。

ですから、ちょっとしたことでカチンときてしまったりします。

怒りにかられて、周りにいる人たちに、言わなくてもいいことを言ってしまうことにもなりかねません。

その結果、周りの人たちと言い争いにでもなれば、さらに一層怒りの感情が大きくなっていくことになります。

睡眠不足が続いた生活の中で、「いつもなら怒るようなことではないようなことでも、思わずカッとなってしまって、情けない失敗をしてしまった」という経験を持つ人もいるのではないでしょうか。

そういう意味では、**日常生活の中で、十分な睡眠時間を確保するということも「怒らないコツ」の一つになります。**

とは言っても、何かと忙しい生活の中で、どうしても睡眠不足になりがちだ、という人もいるかもしれません。

そのような人にとっては、日中に短時間昼寝をする、という習慣を持つ方法もあります。

10分から30分程度の短い時間であっても昼寝をすることで、交感神経と副交感神経のバランスが良くなり、気持ちが安らいでくるのです。

ゆっくりお風呂に入ることが「怒らないコツ」になる

◆「忙しいからシャワーだけ」という悪循環から抜け出す

「仕事が忙しくて、自宅へ帰ってもゆっくりお風呂に入る時間すらない」という人がいます。

毎日にように夜遅くまで残業し、家に帰ったらシャワーだけ浴びて、すぐに寝てしまうのです。

しかし、**ゆっくりと温《ぬる》めのお風呂に入ることは、大切な「怒らないコツ」の一つになる**のです。

ゆっくりお風呂に入ることで心身共にリラックスします。

リラックスすると、夜は熟睡することができます。

よく眠ることによって、翌日は、心に余裕を持って元気に仕事をすることができるのです。

精神的に良いコンディションで仕事に臨むことができますから、ささいなことでイライラしたり怒ったりということもありません。

問題が生じても平常心で対処することができます。

一方で、ゆっくり温めのお風呂に入るという習慣がない人は、そのために心身が十分にリラックスせずに、睡眠も浅くなってしまう可能性があります。

そのために翌日は、睡眠不足を感じながら仕事へ行くことになります。

精神的にもピリピリした状態になって、ちょっとしたことで怒ってしまうことにもなりかねません。

そうなれば、仕事への集中力も失われます。

その結果、仕事が遅れ遅れになって、また遅くまで残業し、家に帰ってもゆっくりお風呂に入っている時間などない、という悪循環にはまってしまうのです。

何か食べることで、ムカムカした気持ちを安らげる

◆イライラした時は、少量のものをゆっくりと食べる

「食事をした後、眠くなった」という経験は、誰にでもあると思います。

食べると、なぜ眠くなるのかと言えば、食後には副交感神経の働きが良くなるからです。

食後は、心身がリラックスして休息モードに入っていくのです。

そういう意味では、ムカムカした気持ちが高まって、怒りの感情に振り回されそうになっている時には、その怒りを静める意味で「ものを食べる」ということも有効な方法になります。

その時間がお昼時であった場合には、やることを切り上げて食事に出かけるのがい

いでしょう。

夕方であれば、早めに夕食の時間にしてもいいと思います。

もし、そのような食事の時間でない場合であっても、軽いお菓子や果物《くだもの》を食べることはできると思います。

軽い食べ物であっても、何か口に入れることで、ムカムカした気持ちが安らいでいきます。

ただし、食べ物を一気に胃袋の中へ詰め込むような食べ方は禁物です。

少しずつ、ゆっくりと食べるほうが良いでしょう。

ゆっくり食べるほうが、気持ちを安らげる効果が大きいからです。

また、いわゆるヤケ食いにならないように注意する必要もあります。

ヤケ食いは肥満の原因になります。

そうなるとまた別の意味で、心身の健康に悪い影響をもたらしてしまうことになるでしょう。

小量のものを、ゆっくり食べるほうが賢明です。

空を見上げるだけでも、怒りの感情が和らいでいく

◆怒りを消し去りたい時には、空を眺めてみる

空を見上げていると、**「ああ、きれいだなあ。鳥が気持ちよさそうに飛んでいるなあ。雲を見ていると、気持ちが落ち着く」**と感じます。

それだけで、副交感神経の働きが良くなると言われています。

その結果、気持ちが安らぎ、ささいなことが気にかからなくなるのです。

そういう意味では、イライラした気持ちが抑えられなくなって、怒りの感情に振り回されそうになった時は、「空を見る」というのも有効な方法になります。

実際、空を眺めていると、自然に怒りが静まっていくでしょう。

また、「空を見る」ということは、怒りを感じている対象から意識をそらすことにも

つながります。

たとえば、怒りを感じている相手から意識をそらすことになるのです。

あるいは、怒りを感じている仕事から、しばし意識をそらすことになります。

この、**「怒りの対象から、少しの時間意識をそらす」ということも、大切な「怒らないコツ」になる**のです。

空を眺めた時には、空を流れていく雲の様子にも注目します。

形を変えながら空を流れていく雲を見ていると、心が開放的になります。

ムシャクシャした気持ちから解放されて、気持ちが晴れやかになっていくのです。

また、空を自由に飛び交う鳥も眺めてみます。

飛ぶ鳥を眺めているうちに、ささいなことにカリカリしている自分自身はバカらしく思えてきます。

また、夜空であったら月や星を眺めてもいいのです。

その結果、怒りという感情が消えていくのです。

花を眺めると怒りが消え去り、気持ちが明るくなっていく

◆怒りを感じたときは、花へ目をやる

怒りを感じた時には、「花を見る」という方法があります。

花瓶《かびん》に活《い》けてある花を眺めて、**「きれいだなあ。花を眺めていると、私の気持ちも清々《すがすが》しくなっていくようだ」**と感じるのです。

実際に、花を眺めることには、心の癒し効果があることが知られています。

千葉大学環境健康フィールド科学センター・自然セラピープロジェクトは、花を眺めることにどのような効果があるかを実験しました。

その結果、次のような効果があったといいます。

・**怒りや敵意といった感情が和らぐ。**
・**緊張感や不安感が和らぐ。**
・**抑《よく》うつ感が和らぐ。**
・**疲労感が軽くなる。**
・**混乱した気持ちが落ち着く。**
・**気持ちに活気が出てくる。**

そういう意味では、普段から部屋か机の片隅に花を飾っておくのがいいと思います。怒りを感じた時には、その花を眺めてみるのです。

そうすれば、自然に怒りの感情は消え去って生き、気持ちが落ち着いていきます。

また、それは生きている花でなくても構わないと思います。造花でもいいでしょうし、あるいは、花の写真や、花の絵でもいいのです。

大切なことは、それを眺めながら、「**きれいだな。気持ちが落ち着く**」と、自分で意識することです。

「ゆっくりペース」で、いら立った気持ちを落ち着かせる

◆気づかないうちにセカセカペースになっていないか注意する

「ゆっくり動く」「ゆっくり話す」ということが、「怒らないコツ」になります。

動作と話し方を意識してゆっくりにすることで、自然に気持ちが落ち着いてくるのです。

したがって、仕事が思うように運ばずにイライラが募《つの》っている時には、「ゆっくり動く」ように心がけると良いと思います。

気持ちが落ち着き、怒りの爆発を予防する効果が得られます。

また、誰か身近にいる人に腹立たしい気持ちを感じた時には、早口にならず、その相手と「ゆっくり話す」ように心がけます。

そうすることで、その相手に、怒りにかられて余計なことを言わずに済むようになるのです。

また、「ゆっくり話す」ということは、**「ゆっくりと呼吸する」**ということにもつながります。

「ゆっくりと呼吸する」ということ自体も、気持ちを安らげるという意味において、有効な方法の一つになるのです。

言い換えれば、「怒りっぽい人」というのは、呼吸が速く、いつもセカセカした様子で動き回っているものです。

気持ちの中のイライラが、無意識のうちにセカセカした動きとして表れてしまうのです。また、自分で気づかないうちに早口になっているものです。

セカセカした動きと早口は、怒りが爆発しそうになっている証《あか》しとも言えます。

そういう時には、「ゆっくりとした動き」「ゆっくりとした話し方」に切り替える必要があります。

「今日は穏やかに生きる」と誓って、一日をスタートする

◆朝、「今日は怒らない」と自分自身に誓う習慣を持つ

心理学に**「アクト・カーム」**という言葉があります。

「アクト（act）」とは、「行動する」ということです。

「カーム（calm）」には、「穏やか」という意味があります。

つまり、**「穏やかに行動する」**ということです。

たとえば、朝、仕事に行く前に、**「今日は、どんなことがあっても怒らない。穏やかに行動するようにする」**と、自分自身にむかって誓うのです。

それが、「アクト・カーム」なのです。

「今日は怒らない」と誓って一日の生活を始めるのと、そのようなことは何も思わず

に漠然《ばくぜん》とした気持ちで生活を始めるのとでは、怒りっぽい人のその日一日の生活は大きく変わってくるでしょう。

漠然とした気持ちで生活を始めると、その日一日は、朝から晩までイライラし通すということになりかねません。誰かの顔を見れば怒ってばかりいる、ということになるかもしれません。

しかし、一方で、「今日は怒らない」と誓って一日の生活を始めると、実際その通りに穏やかな気持ちで一日をすごすことができるのです。もしカッとなることがあっても、「ここで怒ってはダメだ」と自分にブレーキをかけることができるのです。

「アクト・カーム」、つまり「穏やかに行動するんだ」と自分自身に言い聞かせると、上手に気持ちをコントロールすることが可能になるのです。

意識的に「誓う」ということには、そのような心理効果があるのです。

特に「私は怒りっぽい」という自覚がある人ほど、「今日は怒らない」ということを自分に誓うことから、一日の生活を始めるのがいいでしょう。

どのような仕事であっても、満足感を持って従事する

◆不満を募らせると、悪循環にはまっていく

「満足しながら生きる」ということも、大切な「怒らないコツ」になります。

会社で、「こんなくだらない仕事、やってられない」という気持ちを抱きながら働いている人がいます。

このようなタイプの人は、ちょっとしたことで感情を荒げてしまいやすいのです。

上司や同僚からちょっと文句を言われただけでも、すぐにカッとなってしまいます。

そして、激しく口答えをしたり、仕事へのやる気をなくしてしまいます。

その結果、どうなるかと言えば、仕事のミスが多くなり、実績を出せなくなって、さらにいっそう、上司や同僚から文句を言われることになります。

そして、またカッとなって……という悪循環にはまっていくだけなのです。

ですから、どのような仕事であれ、「満足して働く」ということが大切になってきます。

確かに、仕事に不満を感じる点があるのかもしれません。

しかし、**「とにかく仕事があるだけでも満足だ。この仕事に精一杯取り組もう」**という気持ちを持つことが大切です。

そういうイキイキと働く姿勢を持ってこそ、良い実績を上げられます。

すると、周囲から受ける評価も高まります。

そうすれば、よりやりがいのある、満足できる仕事を与えてもらえるようになるはずです。

今現在与えられている仕事に満足して従事することで、より大きな満足を得られるのです。

それが「怒らない生き方」につながります。

給料の良し悪しにかかわらず、与えられた仕事に満足する

◆お金目当てで仕事を探す人は、「怒りっぽい自分」から脱却できない

「こんな仕事はやりたくないが、給料がいいから嫌々ながらやっている」という人がいます。

このような人も、「怒りっぽい人」の一人だと言えます。

いくら給料が良くても、「嫌々ながら働いている」というのでは、やはりストレスが溜まってしまいます。

その結果、心の中にはイライラした気持ちが募《つの》っていきます。

そして、それがちょっとしたことで、怒りとなって爆発してしまうのです。

そういう意味から、「給料がいいことを理由に、嫌々ながら働いている」という人は、

よく転職を繰り返すことが多いようです。

ちょっとしたことで爆発し、その会社に居づらくなって、もっと給料がいい会社を探して転職を繰り返すのです。

転職すれば、さらに給料のいい会社で働くことができるかもしれません。

しかし、その転職先での仕事の内容は、往々にして、普通の人がやりたがらないようなきつい仕事だったりするのです。

したがって、「嫌々ながら」という気持ちが一層強まり、ストレスやイライラも大きくなっていきます。

そしてまた、ちょっとしたことで怒りを爆発させて、その会社にも居づらくなってしまう、ということを繰り返すのです。

そういう意味では、**給料の良い悪いにかかわらず、与えられた仕事に満足して働いていくという心の習慣を持つほうがいい**と思います。

それが「怒りっぽい自分」から脱却するきっかけになります。

怒る人は「怒り」から抜け出せず、満足する人が出世する

◆満足しながら働いていく人が、重要な地位につける

次のような昔話があります。

三人のレンガ職人が、ある修道院の建築現場で働いていました。

一人目のレンガ職人は、自分が従事している仕事について、「ただレンガを積み上げていくだけの、くだらない仕事だ。こんなくだらない仕事なんてやっていられない」と、いつも怒っていました。

もう一人のレンガ職人は、「仕事は面白くないが、賃金が高いからやっているんだ」と、不機嫌そうに話していました。

三人目のレンガ職人は、**「私はこの仕事に大いに満足している。なぜなら、この修道**

院が完成すれば、多くの人たちの魂が救われるだろう。そのような貴《とうと》い仕事に携《たずさ》われて、私は満足だ」と考えていました。

確かに、その三人目のレンガ職人は幸せそうに働いていました。

それから一年が経ちました。

一人目のレンガ職人は、いまだに怒りながらブツブツと文句を言って働いていました。

二人目のレンガ職人は、より高い賃金を求めて、危険な屋根の上で働いていましたが、やはり不機嫌そうでした。

三人目のレンガ職人は、仕事の能力や知識を向上させて、たくさんの人たちからの信頼を集めて、現場監督に出世し、幸福そうに働いていました。

この話は、**仕事に満足し、怒ることなく、不機嫌な態度を示すことなく働く人に、幸福がもたらされる、**ということを教えているのです。

第5章
心に余裕を持って生きる

心に余裕がない時、人は怒りっぽくなってしまう

◆怒りは、その時の「心のありよう」から生じる

同じ出来事を経験したとしても、怒りを抑えられなくなる時もあれば、比較的落ち着いた気持ちで事態に対処できることもあります。

たとえば、乗っていた電車がストップしたとします。先行している電車にトラブルが生じて、そのために自分が乗っている電車までストップしてしまったのです。

しかし、ストップしたまま、なかなか動き出そうとしません。

日常生活の中ではよくあるケースだと思いますが、そのような出来事を経験した時に、「いったい何をしているんだ」と腹立たしい気持ちを抑えられなくなってしまう場

合もあります。

しかし、一方で、電車が遅れていることを、比較的落ち着いた気持ちでやりすごすことができる時もあります。

この違いは、その時の「心のありよう」から生じると思います。

怒りの感情を抑えられなくなる時は、きっと、「心に余裕がない時」だと思います。

忙しい仕事に追われていたり、何か悩み事があったりして、心の余裕がなくなっている時です。

そのように心に余裕がない時に、「思い通りにならないこと」を経験すると、人はつい腹立たしい思いを抑えられなくなってしまうのです。

一方で、電車がストップしてなかなか動き出さないという状況の中でも、比較的落ち着いていられるという時は、「心に余裕がある時」だと思います。

そういう意味では、**いつも心に余裕を持っている**ことが大切です。

それが「怒らない生き方」につながっていきます。

思うようにならないことも「それもまた良いことだ」と考える

◆発想の転換をして、心に余裕を持って生きる

心に余裕を持って生きている人は、思うようにならないことに直面しても、感情を荒げることはありません。

では、どのようにすれば、心に余裕を持って生きていけるのかと言えば、参考になる禅語がありますので紹介しておきます。

それは、**「雨奇晴好《うきせいこう》」**というものです。

晴れ渡って天気が良い日は、もちろん気持ちがいいものです。

遠くの景色も美しく見えます。気持ちも晴れやかになってきます。

そういう意味のことが、この禅語の「晴好《せいこう》」という言葉にはあります。

一方で、「雨奇《うき》」です。この言葉には、**「珍しく雨が降ったら、また雨が降ったで、いいものである」**ということを表現しています。

雨が降った日は、気持ちがしっとりと落ち着きます。

雨降りの景色というものも、それはそれで美しく感じられるものです。

つまり、「雨奇晴好」は、**「雨の日も良い。晴れの日も良い」**という意味です。

さらに言えば、この禅語の「晴れ」とは、「思い通りにいくこと」を示しています。

「雨」とは、反対に、「思い通りにいかないこと」を意味しています。

つまり、**「人生は、思い通りにいけばそれに越したことはないが、思い通りにいかないことがあっても、また良いものだ」**と述べているのです。

たとえば、電車がストップして動かないという事態を経験したとしても、そこで**「この時間を使って読書ができる」「何か新しい企画をじっくり考えられる」**と考えれば、乗っている電車が動かないという事態も「また良いものだ」と思えてくるはずです。

そのように発想の転換をすることが、心に余裕を持って生きるコツになります。

いつも心に余裕がある人になって生きていく

◆どのような状況でも、心に余裕を持って生きる

「英雄の胸中閑日月《きょうちゅうかんじつげつ》あり」という格言があります。

この言葉にある**「閑《かん》」**には、「暇《ひま》」という意味があります。

ですから、「閑日月」ということの言葉を直訳すれば、「暇な月日を送る」という意味になります。

ただし、この場合は文字通り「暇な月日を送る」ということではなく、**「心にゆとりを持って月日を暮らしていく」**という意味になるのです。

「胸中」とは、「心の中」ということです。

つまり、この格言は、**「英雄というものは、慌てたり、イライラしたり、怒ったりす**

ることなく、いつも心の中にゆとりを持って暮らしている」と語っているのです。

一般の人たちも、時と場合によっては、このような「英雄」の生き方をまねするのも良いと思います。

人生には思い通りにならないこともあります。

思わぬアクシデントに見舞われることもあるでしょう。

窮地に陥ってしまうこともあるかもしれません。

しかし、どのようなことになろうとも「閑日月」、つまり心に余裕を持って生きていくことが大事です。

これも「怒らない生き方」につながる大切な心がけになります。

言い換えれば、どのような状況になったとしても、心に余裕を持っている人は、取り乱してしまって判断を誤ることはありません。

的確な判断を下し、適切に行動していけます。

怒らないためには、このような生き方もあると思います。

怒っても無駄なことは、上手にあきらめるのがいい

◆上手にあきらめることができる人は、心安らかでいられる

怒っても無駄なことで、怒っている人がいます。

たとえば、車を運転している時に、渋滞にはまったとします。

車が止まったまま、なかなか動き出しません。

道のずっと先のほうまで、車がぎっしりと渋滞しています。

みんなイライラしてきます。腹が立ってきます。

そして、クラクションをブーブー鳴らしたりする人もいます。

しかし、こういう状況で、いくら怒っても、いくら腹を立ててクラクションを鳴らしても、それで渋滞が解消されて車が動き出すことなどありません。

それは、「怒っても無駄なこと」でしかないのです。

そのような、どうしようもないことでカッカしていれば、精神的に疲れてしまうばかりです。

もしそうならば、上手にあきらめるしかないのです。

言い換えれば、**どうしようもない事態に直面した時、それを上手にあきらめることができる人は、無駄な怒りに振り回されることはありません。**

つまり、上手にあきらめるということも、適切な「怒らないコツ」になるのです。

仕事でも人間関係でも、「いくら怒っても無駄なこと」はたくさんあります。

それにもかかわらず、どうしようもないことにイライラやムカムカを抑えられなくなっている人もたくさんいます。

もし、もっと安らかな気持ちで生きていきたいと思うのであれば、上手にあきらめることを学ぶことが大切です。

あきらめられずにストレスを溜め、上手にあきらめて心が安らぐ

◆現状を受け入れて、その中で努力していく

「あきらめは、心の養生」ということわざがあります。

「心の養生」とは、「無用なストレスを溜めることなく、安らかで健康的な精神状態でいる」ということです。

「心の養生」のためには、「あきらめる」ということがとても大切になってくるのです。

人生には、どうしようもないこと、あきらめないとならないことがたくさんあります。

それにもかかわらず、あきらめきれずに怒っている人がいます。

「どうして、あんな上司の下で働かなければならないんだ。あんな上司の下で仕事をするのは嫌だ」

「なぜ、これしか給料をもらえないんだろう。自分はあまり評価されていないようで、腹が立つ」といった具合です。

しかし、いくら怒ったところで、好きな上司のもとへ人事異動されるわけではないでしょう。

怒ったからといって、すぐに給料がアップするわけではありません。

むしろ怒れば怒るほど、ストレスが溜まっていきます。

そうならば、上手にあきらめるほうが「心の養生」になるのです。

「あきらめる」とは、決して悪いことではありません。それは、**素直に現状を受け入れ、その現状の中で一生懸命に努力する**、ということです。

そうやって、受け入れた現状の中で努力してこそ、現状を変えていくことができます。やがてもっと素晴らしい上司の下で、やりがいのある仕事をするチャンスも生まれるでしょうし、給料もアップしていくと思います。

「べき思考」にとらわれる人は、ささいなことで怒ってしまう

◆「～べき思考」を捨てて、穏やかに生きる

怒らないコツの一つに、**「べき思考をしない」**ということがあります。

たとえば、デパートに買い物に行ったとします。

そこで、店員に、ちょっと不愛想な態度を取られてしまった場合です。

とはいえ、普通であれば、それほど気にせずにやりすごすことができる程度の態度なのです。

しかし、そこで、腹を立てて、「態度が悪いね！」と指摘してしまう人もいます。

こういう怒りっぽい人は、「べき思考」に心をとらわれてしまっていることが多いのです。

このケースでは、「店員が、お客には礼儀正しく、やさしく接するべきだ」という考え方です。

この「べき思考」があまりに強すぎると、ほんのちょっとでも相手から自分の意にそわない態度を見せられた時に、がまんできないほど腹立たしい気持ちになってしまうのです。

普通の人には気にならないことであっても、感情的になりやすいのです。

しかし、そのようにして、ささいなことでいちいち怒っているのでは、自分自身も精神的にまいってしまうでしょう。

そういう意味では、**「べき思考」は、あまり強くならないように自分自身で注意しておくほうが賢明です。**

それが、穏やかに生きるコツにもなります。

完璧主義を捨てて、心にゆとりを持って生きていく

◆仕事にも、プライベートの生活にも、完璧を求めない

「怒らない生き方」のための大切なコツに、**「完璧主義を捨てる」**ということが挙げられます。

仕事でも、プライベートの生活でも、とかく完璧を目指してがんばりすぎてしまう人がいます。

たとえば、仕事では、100パーセント満足のいく仕事を目指します。

上司や取引先から、一つの文句も出ないような完璧な仕事です。

しかし、そういう意識が強すぎるために、ちょっとでも不満な点があると、「どうして私はダメなんだ」と自分を責め、自分に腹を立ててしまうのです。

そのために精神的にまいってしまい、結局は仕事への意欲を失っていきます。

プライベートでも、たとえば、理想の結婚生活を実現しようとがんばりすぎてしまう人がいます。

しかし、現実は、なかなか理想通りにはいかないものです。

特に、いくら愛し合っているとはいえ、価値観の異なる男女同士が共同生活を行うので、うまくいかないこともあるでしょう。

しかし、理想が強すぎる人は、ちょっとでも思い通りにならない点があると、自分自身に腹立たしさを感じてしまいます。

それればかりではなく、パートナーに対しても、「これは私の理想の結婚生活ではない。こうなったのは、あなたが協力的でないからだ」と、怒りの矛先《ほこさき》を向けてしまうこともあります。

そうならないためには**「ほどほどのところ」で満足する心のゆとりを持つ**ことが大切です。

余裕がある時には「喜んで捨てる」という精神を持つ

◆ボランティア団体を通してモノを寄付してみる

仏教の言葉に、**「喜捨《きしゃ》」**という言葉があります。

「喜んで捨てる」という意味です。

この「喜捨」という心がけを持つことも、「怒らないコツ」になると思います。

では、何を捨てるのかと言えば、一つにはモノです。

我欲の強い人は、自分が持っているモノを絶対に他人に譲《ゆず》ろうとはしません。

もし他人からモノを奪われそうになった時は、カンカンになって怒り出します。

しかし、感情を荒立ててストレスを溜め込むよりも、「喜んで捨てるほうがいい。他人に譲ってしまうほうが賢明だ」と仏教は教えているのです。

仏教では、そういう「喜捨」という精神を持って生きていくほうが、心の安らぎを得られるというのです。

もちろん、現代人にとっては、自分の持っているものすべてを「喜んで捨てる」ということは不可能でしょう。

そんなことをしたら生活ができなくなります。

しかし、**もし生活に余裕がある時には、必要のないモノを誰かに譲る**という精神を持っても良いと思います。

たとえば、ボランティア団体を通して、日本のみならず世界中の恵まれない人たちに何かを寄付してもいいでしょう。

大切なのは、そのような「心のゆとり」を持つということです。

そんな心のゆとりを持って生きていくことが、「怒らない生き方」につながっていくのです。

良寛から、心にゆとりを持った生き方を学ぶ

◆良寛の「怒らない生き方」を参考にする

江戸時代の禅僧である良寛《りょうかん》（18〜19世紀）に、次のようなエピソードがあります。

ある夜、良寛が暮らしていた庵《いおり》（僧侶などが一人で暮らす簡素《かんそ》な家）に、一人の泥棒が忍び込みました。

その時、良寛は寝ていましたが、泥棒が入って来たことに気づいて目を覚ましました。

しかし、気づかないふりをして、そのまま狸寝入り《たぬきねい》りをしていたのです。

そうしていると、その泥棒は、何か金目のものはないかと、そこらを探し回っていました。

あいにく、良寛は貧乏だったので、その庵には金目のものなど何もなかったのです。

しかし、その泥棒を手ぶらで帰してしまうことを気の毒に思った良寛が、寝返りを打って寝ていた布団から抜け出ると、その布団をわざとその泥棒のほうへ押してやりました。

その泥棒は、その布団を持って逃げていきました。

良寛は、泥棒のために布団を譲ってあげたのです。

これは、良寛ならではの**「喜捨《きしゃ》」**の行為だったのでしょう。

良寛は、当時、**「決して怒らない人」**として有名だったと言います。

良寛が、どんなことがあっても怒ることがなかったのは、きっと、この泥棒のエピソードからわかるような大きな「心のゆとり」があったからだと思います。

このような良寛の生き方をまねることはできないにしても、「怒らない生き方」として参考になる話だと思います。

こだわりは大切だが、同時に柔軟性も大切になる

◆こだわりを持ちながら、周りの人からも受け入れられていく

仏教語である「喜捨《きしゃ》」には、一つには、「喜んでお金やモノを捨てる」という意味があります。

そして、もう一つには、**「喜んでこだわりを捨てる」**という意味もあります。

自分の考えにこだわって生きている人がいます。

自分なりの仕事のやり方や、あるいはライフスタイルに強いこだわりを持って生きている人がいます。

もちろん、そのような「こだわり」を持つことは悪いことではありません。

そのようなこだわりを持つことで、個性的な生き方や、個性的な仕事が可能になる

という一面もあるでしょう。

しかし、一方で、柔軟性を持つことも重要だと思います。

そうでないと、もし自分の持つこだわりが周りの人たちに受け入れてもらえなかったり、あるいは周りの人たちから自分のこだわりを批判されるようなことがあった時に、腹立たしい気持ちを抑えられなくなってしまうからです。

そういう意味で、こだわりを持つことはいいのですが、あまり強く執着するのは賢明ではありません。

時には柔軟性も必要になってくるのです。

言い換えれば、**自分のこだわりを喜んで捨てて、周りの人たちに受け入れてもらう方策を考える**ことも必要になってくるのです。

強いこだわりのために、周りの人たちから孤立して一人ぼっちになってしまったら、幸福な人生など望めなくなってしまうからです。

心にゆとりを持って、時には、周りの人たちに柔軟に対応することも必要です。

ハンドルの遊びのように、心にゆとりを持っておく

◆ちょっとしたことに、すぐ反応しない「遊び」を持つ

車のハンドルには、**「遊び」**と呼ばれるものがあります。

ハンドルを微妙に左右に動かした時、それに車のタイヤの動きがすぐに反応しない部分を「遊び」と言います。

この「遊び」がまったくないと、ハンドルをちょっと動かしただけで、すぐにタイヤが反応して向きを変えてしまいます。

しかし、運転中には車が揺れますから、その揺れに従ってハンドルが微妙に左右に動いてしまうことがよくあるのです。

その度にタイヤが左右に向きを変えてしまったら、蛇行《だこう》運転になってしまい、危険

です。

ですから、車の安全走行のために「遊び」を設けているのです。

人の心にも、そんな車にあるような「遊び」を設けておく必要があると思います。

この場合、「ハンドルの遊び」は、「心のゆとり」と言い換えられます。

つまり、心にゆとりがないと、ささいな出来事や、ちょっとした相手の言葉にすぐに反応してしまい、ムカッときたり、イライラさせられることになります。

すると、一日中、朝から晩まで、怒ってばかりいるという生活になってしまうでしょう。それでは身も心も持ちません。

ストレスで身も心もボロボロになってしまうのではないでしょうか。

ですから、**何かあってもすぐに反応しない「遊び」、つまり「ゆとり」を持っておく**ことが大切です。

それが人生の「安全走行」のコツになるのです。

その結果、無用なことで怒ることなく、安心して生きていくことができます。

第6章 リフレーミングによって、怒りを静める

#「リフレーミング」によって、ポジティブに物事を考えていく

◆ネガティブ思考の枠組みにはまらないよう注意する

心理学に、**「リフレーミング」**という言葉があります。

「フレーミング（framing）」には、「枠組《わくぐ》み」という意味があります。

この場合は、「考え方の枠組み」ということです。

「リ（re）」には、「ふたたび」「逆に」といった意味があります。

つまり、「リフレーミング」とは、**「考え方の枠組みを、ふたたび作り変える」**ということなのです。

さらにわかりやすく言えば、**「ネガティブ思考からポジティブ思考に、考え方を変える」**ということになります。

この「リフレーミング」は、「怒らない生き方」を実践していく上でとても役立ちます。

たとえば、お客さんからクレームをつけられたとします。

その時に、「どうして、こんな言いがかりをつけられなくてはならないんだ。本当に頭にくる」と、怒ってしまう人もいるかもしれません。

しかし、そこで怒ってしまうのは、ネガティブ思考の枠組みにはまっているからなのです。

そこでリフレーミングを行います。すると、こうなります。

「お客さんから、いいご意見をいただいた。お客さんの意見を参考に改善していけば、もっと良い商品やサービスを提供できるようになるだろう」。

このようにネガティブ思考からポジティブ思考に考え方の枠組みを変えることで、怒りの感情にとらわれずに済みます。

また、自分自身の仕事の質が向上することにもつながるのです。

自分の欠点を指摘されても、怒らずに済む考え方とは？

◆欠点を指摘されることを「ありがたい」と思える人間になる

日常生活の中では、「怒りを感じる」ということがたくさん起こるものです。

「怒り」という感情は、確かに、良い影響をもたらしてくれるものではありません。

精神的なストレスになりますし、仕事への意欲を失わせることにもなります。

人間関係を悪化させる原因にもなります。

しかし、この「怒り」という感情をプラスの方向へ持っていく原動力にすることも可能なのです。

その方法の一つが、「リフレーミング」です。

たとえば、友人の一人から、「あなたって、そそっかしい人なのね」と、自分の欠点をあからさまに指摘されたとします。

もちろんカチンときます。

怒りにかられて、「そう言うあなただって、たくさん欠点があるじゃないか」と言い返したくもなってくるでしょう。

しかし、そこで言い返せば、ますます激しい悪口の言い合いに発展していくだけではないでしょうか。

心の中のイライラした気持ちも大きくなっていくばかりでしょう。

それは決して賢いことではありません。

そこで、リフレーミングを行うのです。

すなわち、「欠点を指摘されて頭にくる」という考えから、**「自分でも気づいていなかった欠点を指摘してもらって、ありがたい。これで私は、さらに人間性を向上させていくことができる」**というポジティブ思考に考え方を変えるのです。

そのほうが、自分の人生にとってプラスになることが多いのです。

失敗に怒るのではなく、失敗を教訓にしていくのがいい

◆「失敗から学ぶ」という姿勢を忘れない

古代中国の思想書である『戦国策《せんごくさく》』（紀元前6〜1世紀頃に成立）に、**「前事《ぜんじ》忘れざるは、後事《こうじ》の師《し》」**という言葉があります。

この言葉にある「前事」とは、「過去の失敗」ということです。「後事の師」とは、「後々の教訓」という意味です。

つまり、**「過去の失敗を忘れることなく、後々の教訓として生かしていくことが大事だ」**ということを指摘しているのです。

何か失敗をした時、「私としたことが、どうしてこんな失敗をしてしまったのか」と、自分自身に腹を立てる人もいます。

また、「上司の判断ミスのために、私まで失敗をしてしまった」と、他人に怒りの矛《ほこ》先《さき》を向ける人もいます。

しかし、そのような考え方は生産的なものではありません。

自分に腹を立てたり、他人に怒りを向けたところで、これからの仕事の質が向上していくわけではないのです。

むしろ、「前事忘れざるは、後事の師」とするほうが賢明です。

つまり、**「この失敗を教訓にして、これからさらに仕事の質を向上させていくために役立てよう」**と考え方の枠組みを変えるのです。

つまり、「リフレーミング」を行うのです。

怒りの感情にとらわれるよりも、そのほうがずっと生産的なのです。

それは自分のためにもなりますし、ひいては会社のためにもなっていくはずです。

「失敗に怒る」のではなく、「失敗を教訓にする」ということです。

失恋経験を、もっと幸せになるための教訓に変える

◆怒りや恨みの感情に、いつまでもとらわれない

失恋をした時、「私を裏切るなんて許せない。私にウソばかりついてきたあの人を許すことはできない」と、怒りの感情をぶちまける人がいます。

自分を見捨てた相手に怒り、そして恨み続けるのです。

しかし、そのようなネガティブな感情は、自分の人生を一層不幸なものへと追いやっていくだけではないでしょうか。

確かに、その相手は、自分を裏切ったのかもしれません。

自分をだましてきたのかもしれません。

その相手は非難されるべき人間だったのかもしれません。

しかし、いつまでもその相手のことに怒ったり恨んだりしているのでは、自分の人生を前に進めていくことはできないのです。

どこかで、その人のことを吹っ切ることが必要になってくるのです。

そして、吹っ切るために必要になるのが「リフレーミング」です。

考え方の枠組みを変える、ということです。

もちろん、怒りを感じるのはわかります。

恨みたい気持ちになるのも理解できます。

しかし、ここは努力して、

「失恋したのは、いい経験になった。これで『人を見る目』が養われた。この経験を教訓にして、私は今度こそ、運命の人を見つけ、その人と幸せになっていけるだろう」

とポジティブに考えてみるのです。

このように考え方の枠組みを変えることによって、前向きな気持ちになれます。

そして、自分の未来に明るい希望を見い出すことができるのです。

怒りや恨みにとらわれているよりも、そのほうが自分の幸福のために良いのです。

80パーセントの望みが叶えられたことに、幸せを感じる

◆100パーセントを求めるから、怒りが生じる

自分の希望が十分に叶えられないことに、怒りを感じる人がいます。

たとえば、結婚した相手に対して、

「私のことを幸せにしてくれると約束したから、あの人との結婚を決めたのに、あの人は私の望みを叶えてくれていない。頭にくる」

と言う人がいます。

そして、結婚相手に、「あなたは約束を破った。あなたはウソつきだ」と文句を言ってケンカばかりしているのです

しかし、その結婚相手は、彼女を幸せにしてあげたいと一生懸命になって努力して

いるのです。

彼女の望みを100パーセント叶えることはできていないにしても、80パーセントくらいは望みを叶えてあげているのです。

しかし、彼女としては、その残りの20パーセントが欠けていることに腹が立ってしょうがないのです。

そして、結婚相手に文句ばかり言っています。

しかし、このまま結婚相手に100パーセントを求め続けたら、きっと、その結婚生活は破たんしてしまうことになるでしょう。

もしその結婚相手とこれから長くつき合っていきたいのであれば、考え方の枠組みを変えることが大切になってきます。

すなわち、「望みを100パーセント叶えてくれない。頭にくる」から、**「望みを80パーセントも叶えてくれている。私は幸せだ」**というふうに考え方の枠組みを変えるのです。

それが愛する人といつまでも幸せでいるコツになります。

人づき合いの失敗を、人づき合いの勉強に変えていく

◆プレゼントを通して、人づき合いの勉強をしていく

「これをプレゼントすれば、あの人はきっと大喜びしてくれるに違いない」と思って、誰かに贈り物をします。

しかし、その相手から、喜ぶどころか「こういうものって、私の好みではない」と言われてしまうことがあります。

自分としては、当然、「あなたのために、せっかく買ってきたのに、そのいい方はないでしょう」と腹が立ってきます。

そして、そんな出来事がきっかけになって、その人との関係がギクシャクしてしまうこともあるのです。

もちろん、好意が通じなかった時、腹立たしい気持ちになるのは十分に理解できます。

しかし、このようなケースで、あまり腹を立てないほうが賢明だと思います。腹を立てれば立てるほど、今後いつまでもイライラした気持ちを引きずっていかなければならなくなるからです。

したがって、このようなケースでは、「せっかくプレゼントをしたのに、喜んで受け取ってもらえないなんて、頭にくる」という考えから、考え方の枠組みを転換をすることが必要になってきます。

たとえば、次のように考えます。

「これからは、人にプレゼントを贈る時は、相手の好みを聞いてからにしよう。自分で勝手に、『これは、きっと、あの人に喜んでもらえるに違いない』と決めつけるのはやめよう。そういう意味では、この経験は、人づき合いでのいい勉強になった」と。

このように考えることで、怒りの感情を和らげることができます。

去っていく者に怒るのではなく、残っている人を評価する

◆怒りの言葉は、周りの人たちのやる気をなくさせる

ある中小企業の社長は、せっかく採用した新入社員が次々と辞めていくことに腹を立てています。

去年は7名採用したのに、一年経たないうちに4人が辞めてしまいました。

今年は10人採用しましたが、半年も経たないうちに、もう3人が退職したと言います。

そんな現状に、その社長は、「今の若者には、がまん強さがない。ちょっと辛いことがあると、すぐに逃げ出してしまう」と怒っているのです。

もちろん、「今の若者には～」という言葉は、会社を辞めていった人たちを指すもの

なのでしょう。

しかし、そのような怒り方をしていると、会社を辞めずに残っている新入社員たちにも、「自分たちも社長から、そのように、『がまん強さが足りない若者』『辛いことがあると逃げ出してしまう若者』だと見られているのではないか」という誤解を与えることにつながってしまうのではないでしょうか。

その結果、新入社員はやる気をなくして、結局は今の会社に残っている人も辞めていくことになるかもしれません。

もしそうならば、辞めていった人間へ怒りを向けるのではなく、むしろ、**会社に残っている社員に目を向けて、その人たちを、「君たちはすばらしい人材だ」とほめる**ようにするほうが得策だと思います。

これも、考え方の枠組みを変える「リフレーミング」の一つの方法です。

そうすれば、残っている新入社員がやる気を増して、今後大いにがんばって会社に貢献してくれるでしょう。

「思い通りにならなくて当たり前」という前提で生きていく

◆思い通りにならないことで、いちいち腹を立てない

「仕事も人間関係も、思った通りにならないことばかりだ」と言って怒っている人がいます。

しかし、人生というものは、思い通りにならないことが多いのが現実ではないでしょうか。

思い通りになるほうが少ないと思います。

仕事において、「こういうことを実現したい」という願望を持ったとします。

しかし、その願望を実現するまでには、様々な困難やトラブルに見舞われることでしょう。

まさに、思い通りにならないことの連続です。

人間関係も同様です。

「あの人とは気が合いそうだ。仲良くやっていきたい」と思います。

しかし、その相手から冷たくあしらわれることもあるでしょう。

こちらの好意が伝わらないこともあると思います。

人間関係も、やはり、思い通りにならないことの連続なのです。

そうならば、いちいち腹を立てていてもしょうがありません。

ここでは、発想の転換が必要になってきます。

つまり、「どうして思い通りにならないのか。頭にくる」という考え方をやめて、「**思い通りにならないのが、当たり前だ。気にすることはない**」と考えるようにするほうが賢明です。

そのほうが、ささいなことで感情を荒げることなく、平常心で生きていけるようになるでしょう。

結果と同様に、プロセスも大事にしていく

◆結果を出すことばかりにこだわらない

結果を重視していくことは大切なことです。

特に仕事ではそうでしょう。

自分に求められている結果を、きっちりと出していかなければなりません。

結果を出してこそ、周りの人たちから評価されます。

結果を出していってこそ、出世もしますし、給料がアップしていきます。

そして、プライベートの生活も充実していくのです。

しかし、一方で、結果を出すことばかりに、あまり重点を置かないほうが良いとも思います。

というのも、仕事では往々にして、思うような結果が出ないこともあるからです。

そんな時、結果を出すことだけに重点を置きすぎている人は、激しい怒りに襲われることになります。

自分自身にも腹が立ち、怒りのはけ口が見つからずに、周りの人たちに八つ当たりすることになりかねません。

そういう意味では、結果を出すことだけに重点を置きすぎている人は、考え方の枠組みを変える必要が出てきます。

つまり、「結果だけが大事だ」という考え方から、**「結果は大事だが、プロセスも大事だ」**と考え方を変えるのです。

そうすれば、たとえ結果が出なかったとしても、その過程で充実した努力をしていたなら、そんな自分に満足することができます。

そうなれば、怒りの感情に振り回されることはありません。

過去にばかり向かっていく心を、未来の夢へと向けてみる

◆未来を意識したほうが「今」が充実する

いつまでも過去のことにこだわって生きている人がいます。

ある男性は、学生の頃、友人の一人からよくからかわれたことがあったといいます。

彼は今、社会人10年目になっています。

昔、自分をからかっていたその友人とは今は会うこともありません。

それにもかかわらず、その昔の友人のことを思い出して、

「あの時、あいつ、俺のことをバカにしやがって」

「みんなが見ている前で、俺に恥をかかせやがって」

と、むしょうに腹が立ってくることがあるといいます。

このように過去のネガティブな思い出に心をとらわれやすい人というのは、一般的に、今の生活が充実していない人が多いようです。

今、虚《むな》しい気持ちで生きているから、過去のことをつい思い出してしまうのです。

しかも、ネガティブな思い出ばかりを思い出してしまう傾向が強くなります。

そして、必ずしも論理的な根拠はないのですが、恨みを持つ相手のせいで、今の自分は充実した生活を送れていないんだ、という考えにはまってしまいます。

このような精神状態から脱却するためには、自分の将来に何か夢を持つことが大切です。

「過去のことばかりにとらわれている」から、**「未来の夢に向かってがんばっていこう」**という方向へ考え方の枠組みを変えるのです。

夢に向かって一生懸命生きることによって、今の生活が充実していきます。

そして、過去のネガティブな思い出からも解放されます。

「人のせい」ばかりにするのではなく、自分の責任も認める

◆自分の責任を認めてこそ、割り切って出直すことができる

「あの人のせいで、私は失敗した。あの人にだまされて、私は今、惨《みじ》めな思いをしている」と、腹を立てている人がいます。

たとえば、知り合いから、ある株を買えば大儲けできるという話を聞いたとします。その知り合いの言葉を信じて、自分もその株を購入しました。しかし、そのとたん、その株の価格が下がって、大儲けどころか大損をしてしまいました。

そのために、「あの人のせいで〜」と腹を立てることになるのです。

しかし、そのようにして「人のせい」にしてばかりいるのでは、いつまでも怒りの感情から解放されることはないと思います。

事あるごとに、「あの人のせいで～」ということが思い出されて、イライラしたり、ムカムカしたり、ということを繰り返します。

家族と過ごしている時も、恋人と一緒にいる時も、仲のいい友人と遊んでいる時も、その「あの人のせいで～」という相手のことが思い出されて、不機嫌な顔をしてしまいます。

それは自分の人生にとって決して良いことではありません。

では、どうすれば「あの人のせいで～」という怒りの感情から解放されるのかと言えば、その方法の一つは、考え方の枠組みを変えることにあります。

それは、いつまでも「あの人のせいで～」と責任を相手に押しつけているのではなく、**「人の言うことを簡単に信じ込んだ私が愚かだった」**と、自分の非を認めることだと思います。

そして、「良い勉強をした。これからは自分でよく考えてから行動しよう」と考えて、上手に割り切ることです。

そうすれば、怒りの感情からも解放されるでしょう。

第7章 メタ認知能力をアップする

鏡に映る自分の顔を見て、冷静な自分を取り戻す

◆自分自身を客観的に眺めてみる

心理学に**「メタ認知」**という言葉があります。

「メタ（meta）」には、「超越した」という意味があります。

すなわち、「メタ認知」とは、**「自分自身という枠組みを超越して、自分自身を離れた地点から客観的に冷静に眺めてみること」**ということを意味します。

そして、この「メタ認知」という能力を高めることが「怒らない」ためのコツになるのです。

たとえば、怒りで自分を見失いそうになった時は、**「鏡で自分の顔を見る」**という方法があります。

職場でイライラしてきた時に、お手洗いに行って、そこにある鏡で自分の顔を見てみるのです。

あるいは、手元にある手鏡で、自分の顔を見てみます。

この「鏡に映った自分の顔を見る」ということが、「自分自身を客観的に冷静に眺めてみる」ということにつながります。

つまり、メタ認知の実践になるのです。

すると、

「怒りにかられている私って、情けない顔をしているなあ。嫌な表情をしているものだ」ということに気づきます。

この「気づき」が、怒りの感情から離れるきっかけを作ってくれます。

気づきをきっかけにして、「怒ってはいけない。気持ちを落ち着けていこう」と思い直すことができるのです。

「鏡に映った自分の顔を見る」というのは、「メタ認知」の一つの実践法にすぎませんが、怒りにかられた時に試してみても良いでしょう。

紙に書き出して「怒っている自分」を客観的に眺めてみる

◆今の感情を、ありのままに紙に書き出す

怒りを抑えられなくなった時、**「紙に書く」**ということで、冷静さを取り戻すことができます。

最初は、その時の自分の感情を正直に紙に書き出す、ということでもいいでしょう。「頭にきた」「腹が立つ」「怒りを感じる」と、感情をそのまま紙に書き出すのです。

そうすることで「怒っている自分」を、少し離れた地点から客観的に冷静に眺めることができるのです。

したがって、これも「メタ認知」の一つの実践法になります。

怒りの感情を紙に書き出していくに従って、だんだんと、ささいなことで感情的に

なっている自分が情けなく思えてきます。

怒っていることがバカらしく思えてきます。

また、「紙に書き出す」ということ自体が、ある意味で、いい気分転換になります。

自分の中に渦巻いていたドロドロとした感情が外に吐《は》き出されて、気持ちが和らいでいくのです。

そして、それをきっかけに冷静さを取り戻すことができます。

そうすると、怒りに振り回されているよりも、他にすべきことが見つかってきます。

それもまた紙に書き出してみます。

「怒っている暇があったら、まずは、これをやろう」

「感情に振り回されているよりも、今できることをやろう」

といった具合にです。

そこまでいけば、もうすっかりと怒りの感情は消えていることでしょう。

平常心で、たんたんと物事を進めていけるようになるのです。

ブログやツイッターを使って「メタ認知能力」を高めていく

◆怒りを感じた時は、その感情をブログやツイッターに書き込む

最近の若い人には「紙に書く」ということに苦手意識を持っている人が多いようです。

そういう人は、ブログやツイッターを利用するのも一つの方法になります。

というのも、紙に書くということには苦手意識がある人でも、ブログやツイッターであれば抵抗感がないという人も多いからです。

短い文章で書き込むだけでも、今の自分を客観視することができます。

怒りを感じた時には、ブログやツイッターに、その時の自分の感情を書き込みます。

もちろん長々と書き込むことはありません。また人に知られたくない場合は書く必

要はありません。

感情を書き終えた時、できれば**最後の文章を、何かポジティブな言葉で締めくくる**のがいいでしょう。

「イライラしてないで、前向きに生きて行こう」

「楽天的なのが、私の取り柄だ。怒るのはやめよう」

「怒るのは、もうやめた。明るく生きる」

「ムカムカしていてもしょうがない。やることをやろう」

といった具合です。

このような前向きな言葉でブログやツイッターを締めくくることで、気持ちを切り替える効果が強まるのです。

「私は、つまらない怒りにいつまでも振り回されているような人間ではない」という信念も強まります。

このような方法によって「メタ認知」という能力を高めていくことで、実際に、「怒りに強い自分」が作り上げられていきます。

自分ならではの「怒りの癖《くせ》」を知って、怒りをコントロールする

◆自分の感情を普段から観察する習慣を持つ

人にはそれぞれ「怒りの癖《くせ》」があります。

たとえば、プライドを傷つけられるようなことを言われると、激しい怒りを感じる、という人もいます。

自分で設定した目標を達成できないと、そんな自分に強い怒りを感じる、という人もいます。

仕事が忙しくなると、ささいなことで怒ってしまう、という人もいます。

そのような**自分ならではの「怒りの癖」を知っておく**ことも、感情を上手にコントロールする上でとても大切です。

自分の「怒りの癖」を知っておけば、そのような状況になった時に、「ここで怒らないように注意しておこう」と、あらかじめ予防線を張っておくことができるのです。

心理学には**「セルフ・モニタリング」**という言葉があります。

「モニタリング（monitaoring）」には「観察する」という意味があります。

つまり、普段から自分の心を、自分自身で観察しておくのです。

どういう時に、強い怒りを感じるかを、よく観察しておくのです。

また、自分が怒ったために、どういうことが起こったのかをよく観察しておくのです。

そうすることで、自分の「怒りの癖」がわかってきます。

そして、上手な対処策を取れるようになるのです。

たとえば、「プライドを傷つけられるようなことを言われると、激しい怒りを感じる」という人であれば、誰かに悪口を言われた時に、「ここで怒ってはいけない。笑って済ましてしまおう」と自分に言い聞かせることができるのです。

信頼できる人に相談して、冷静な自分を取り戻す

◆客観的な意見が、感情のコントロールに役立つ

身近に良き相談相手を持っておくことが、感情を上手にコントロールするためのコツになります。

たとえば、強い怒りを感じてしょうがないという時に、信頼できる人に会って相談するのです。

この場合、「相談する」とは、「今自分が置かれている状況を相手に説明する」ということにつながります。

また、「どういう出来事があったかを相手に説明する」ということでもあります。

そして、「今自分はどういう思いでいるかを相手に説明する」ということなのです。

この場合、「相手に理解してもらえるように、物事を整理して、客観的にわかりやすく説明する」ということが必要です。

実は、このように**「説明する」という作業自体が、自分自身を離れた地点から客観的に観察する、ということでもある**のです。

自分の状況を「書き出す」のと同様に、「相談する」ということも、実は「メタ認知」の実践法の一つなのです。

また、一方で、相談すれば、その相手から様々なアドバイスをもらえます。

そのアドバイスが、また、客観的な形で自分自身を知るための一つのきっかけになります。

特に他人のアドバイスは、今まで自分が気づかなかったことを知ることができます。

他人のアドバイスが、さらに広い視野から、自分自身を見つめ直す大きなきっかけを与えてくれるのです。

本を通して、自分を客観的に観察する能力を高めていく

◆本に書かれている視点で、自分自身を見つめ直す

自分自身を客観的に観察するための方法の一つに、**「本を読む」**ということがあります。

エッセイや小説や、あるいは人生論が説かれた古典や哲学書でもいいのですが、本を読んでいる時、その人はその本を通して自分自身について考えるものです。

しかも、少し離れた地点から客観的に自分自身を振り返ることができます。

その本自体が、人間の生き方について著者の見方で書かれていますから、その著者の視点を通して、自分自身を客観的に見つめ直すことができるのです。

そういう意味で、「本を読む」ということはとても大切です。

実際に、「このところ感情が乱れてしょうがない。怒りの感情に振り回されている」という自覚症状がある人は、冷静な自分を取り戻すきっかけを得るために、書店へ行って本を買ってくるという人が多いようです。

できれば、怒りの感情に振り回されてしまう前から、日常的に本を読む習慣を持っておくほうが良いと思います。

そうすることで「メタ認知」という能力が高まっていきます。

その結果、普段から、怒りという感情に対して距離を置いて生きていくという習慣が身につくのです。

それだけ、「怒らない体質」が出来上がっていく、ということです。

そうすることによって、以前には激しい怒りを感じていた状況であっても、冷静に対処できるようになっていきます。

そういう意味で、**普段から、手元に本を置いておき、少し時間が空いた時には本を読む**という習慣を持つのが良いでしょう。

自分が怒ったら、周りの人がどう感じるかを想像してみる

◆周りの人が嫌な思いをしていることに気づく

怒る前に、「もし私がここで怒ったら、周りの人たちはどう思うだろう？　周りの人たちは私にどういう印象を抱くだろう」ということを想像してみることが大切です。

それが「怒らないコツ」になるからです。

自分が怒り出したら、周りの人たちはきっと嫌な思いをすることになるでしょう。

また、怒りにかられている自分について、周りの人たちは悪い印象を抱くに違いありません。

中には、「この人とは、あまり仲良くしないようにしよう」と思う人もいるかもしれないのです。

それがわかれば、「ここで怒ったらダメだ。がまんしよう」という気持ちになるのではないでしょうか。

このように、**「周りの人はどう思うか？」ということを考えることも、言い換えれば、自分自身を客観的に見つめ直すということにつながります。**

そういう意味で、これも「メタ認知」の実践法の一つなのです。

言い換えれば、怒りに自分自身を見失いやすい人というのは、この「周りの人はどう思うか？」ということについて想像力があまり働きません。

怒りにかられている自分を見て、周りの人が嫌な思いをしていても、それに気づかないのです。

また、怒っている自分を、周りの人たちが軽蔑《けいべつ》の眼差《まなざ》しで見ていても、それに気づかない場合が多いのです。

したがって、怒り出す前に、「周りの人がどう思うか？」ということを考える習慣をもつことが大切です。

その習慣が身につけば、不用意に怒ることもなくなるでしょう。

「メタ認知能力」は、円満な人間関係のためにも役立つ

◆相手が怒っている原因は自分にあるのではないかと考える

「メタ認知」という能力を高めることは、対人関係にも役立ちます。

たとえば、ちょっとした一言で、相手を怒らせてしまうことがあります。

しかし、それは意図的に相手を怒らせようと考えていたわけではないのです。

それにもかかわらず、自分の一言が相手のプライドを傷つけて、怒らせてしまうのです。

このようなケースで、**メタ認知という能力がある人は、相手の反応を見て、「私は、言ってはならないことを言ってしまったらしい」と、とっさに気づくことができます。**

そして、「私の、どのような言葉が相手を怒らせてしまったのか」と、客観的に考え

ることができます。

そして、どの言葉が相手を怒らせたのかがわかれば、「言ってはいけないことを言って、申し訳ありません。悪気はなかったんです」と謝ることができます。

そうすれば、その相手も、「いや、いいんです」と言ってくれるでしょう。

したがって、そこから人間関係が悪化していくことはないのです。

一方で、そのようなメタ認知の能力が低い人は、相手が怒っていることにまったく気づかないまま、さらに相手を怒らせるようなことを言ってしまいます。

また、相手が怒っていることがわかっても、その原因が自分の言葉にあると理解できないまま、「なにをムッとした顔をしているんだ。もっと明るい顔をしたらどうだ」と、相手に文句を言うようなまねをしてしまいます。

その結果、相手をさらに怒らせることになります。

そして、相手が怒れば、自分自身も腹立たしい気持ちになるのです。

それを避けるためには、メタ認知能力を高める必要があります。

自分の言動が、周りの人にどういう影響を与えるのか考える

◆周りの人の自分を見る目によって、自分の感情をコントロールする

中国の思想書である『菜根譚《さいこんたん》』に、**「自分自身を冷静に見る心の余裕があれば、ずいぶんとイライラやムカムカといった感情を解消できる」**（意訳）という言葉があります。

この言葉にある「自分自身を冷静に見る心の余裕」を、心理学で「メタ認知」と言っているのです。

『菜根譚』が書かれた時代の中国には、もちろんメタ認知という専門用語はなかったでしょう。

しかし昔から、このように「自分自身を冷静に見る心の余裕」を持つということが、自分の感情を上手にコントロールする上で非常に有効であるという事実は知られてい

たのです。

人間のメタ認知能力は、だいたい５､６歳の頃から発達してくるといわれています。それはちょうど、子供が自意識を持つ段階と重なります。親など周りの人たちが自分をどういう目で見ているかを意識し始める年齢です。

また、自分がどんなことをすれば親は喜び、自分がどんなことをすれば親は悪い印象を持つかを理解していくようになる年齢です。

たとえば、自分が怒ってダダをこねるようなことをすれば、親は困惑した表情で自分を見てきます。

そういう経験から、親を困惑させないためには、自分が怒ってダダをこねるようなことをしてはいけないと気づくようになるのです。

そういう意味から言えば、成人してからも、自分の言動が相手をどういう気持ちにさせるのかを想像することが、メタ認知能力を高める上で非常に大切な要素になってくるのです。

能力があるのに、周りの人たちから高く評価されないのはなぜか？

◆メタ認知能力が高い人は、不評を買うことがない

高い能力がありながら、周囲の人たちにあまり評価されないタイプの人たちがいます。

このようなタイプの人には、メタ認知能力が低い人が多いようです。

知識もあります。才能もあります。学歴も良く、学校での成績も抜群なのです。

しかし、残念なことに、自分自身を客観的に観察する能力に欠けています。

そのために、自分勝手な振る舞いをしてしまいます。

そんな自分勝手な振る舞いで、周りの人たちに迷惑をかけます。

このようなケースで、メタ認知能力が低い人は、周りの人たちが迷惑がっているこ

とはわかっても、その原因が自分にあると気づくことができないことがよくあるのです。

そのために、誰かに「自分勝手なことをしないでください」と文句を言われたりすると、何か言いがかりをつけられたように思います。

そして、激しく腹を立てて、文句を言ってきた相手に言い返すこともあります。

そのために一層、周りの人たちから軽蔑されてしまうことになるのです。

そうなると、「私は能力があり、高い実績を示しているのに、なぜ周りの人たちはそんな私を評価しないのか」と、さらに一層腹立たしい気持ちにさせられることになります。

その結果、やる気を失ってしまったり、あるいは、転職を繰り返すということにもなります。

それは、その人自身にとって、非常にもったいないことだと思います。

メタ認知能力を高めてこそ、周りの人たちに能力を正当に評価してもらえるのです。

第8章
コミュニケーション能力を高める

周りの人と「報連相《ほうれんそう》」で意思疎通をはかっていく

◆誤解や思い違いから、怒りの感情が生じる

コミュニケーション能力を高めることが、「怒らないコツ」になります。

コミュニケーション能力が低い人は、身近な人たちと上手に意思疎通《そつう》をはかることができません。

いわば「わかり合う関係」を築いていくことが下手なのです。

そのために、様々な誤解や思い違いが生まれます。

そして、そこに、

「どうして、あの人はわかってくれないのか」

「なぜ、あの人は私にこんなことを押しつけてくるのか」

といった怒りが生じてしまうことになります。

そういう意味では、日頃から周りの人たちとのコミュニケーションを密《みっ》にしておく必要があります。

自分が今どういう状況にあり、どのような問題を抱え、どういう気持ちでいるのかを、周りの人たちによく知ってもらうことが大事です。

同時に、自分も、周りの人たちの状況をよく知っておく必要があります。

そのようにして日頃から意思疎通をはかっておくことで、誤解や思い違いから感情を荒立てたり、誰かと言い争うということも少なくなっていくのです。

コミュニケーション能力を高める基本は、「**報連相**《ほうれんそう》」にあります。

周りの人たちへの報告、連絡、相談をひんぱんに行う、ということです。

「あの人なら、言わなくてもわかっているだろう」とは思わずに、どんなことでも報告、連絡、相談を行っていくほうが良いと思います。

それが「わかり合う関係」を築いていくコツになります。

コミュニケーション不足は、修復不可能な関係を生み出す

◆意思疎通をしないと誤解、怒りの原因になる

夫婦が離婚する最大の原因は、「コミュニケーション不足」にあるといわれています。

たとえば、夫が仕事に忙しく、朝早く家を出ていき、夜遅く帰宅するという毎日である場合です。また、地方への出張もよくある場合です。

そのために夫婦間のコミュニケーションが少なくなってくるのです。

特に、夫婦共働きであれば、一層コミュニケーションが少なくなってしまうのです。

このコミュニケーション不足が続いていくと、そのうちに、お互いに疑心暗鬼になっていきます。

「あの人の私への気持ちは冷《さ》めてしまったのではないか」

「もしかしたら、私が知らないところで、私を裏切るようなことをしているのではないか」

といった誤解が生まれてくるのです。

それに伴って、相手への腹立たしい気持ちも募《つの》っていきます。

そして、ちょっとしたことで口ゲンカになってしまいます。

その結果、最悪の場合は、離婚になるケースもあるのです。

お互いに、本心では別れたくないと思いながら、修復不可能な関係になってしまうのです。

このように人間関係が悪化していくパターンは夫婦のみならず、友人関係や、親子関係でもあるように思います。

やはり大切なのは、**修復不可能な関係になる前に、コミュニケーションをよく取っていく**ことなのです。

「決めつけの一言」が、相手を本気で怒らせてしまう

◆相手の人格を決めつけることは言わない

ちょっとした一言が、相手を怒らせてしまうことがあります。

怒った相手は、激しく言い返してくることもあるでしょう。

ひどい言葉で言い返されれば、こちらもムカッときてまた言い返します。

そうやって、口ゲンカがどんどんエスカレートしてしまうのです。

そのような「ちょっとした一言」にどのようなものがあるのかと言えば、たとえば、相手の人格を決めつけるような言葉です。

「あなたって、何をやらせてもダメなのね」

「君は、決断力がない人間なんだなあ」

「結局、あなたは何もわかっていないんだ」

「だから、君は何をやってもうまくいかないんだよ」

このように、悪い意味でレッテル貼《ば》りをされるような言い方をされれば、当然相手はカチンときます。

そして、怒って言い返してくる場合も考えられます。

しかしながら、そのような「決めつけの一言」を言う側とすれば、「こんなことを言っても、相手が怒ることはないだろう」という軽い気持ちでいる場合が多いようです。

そのために、不用意に「決めつけの一言」を発してしまうのです。

しかし、**「決めつけの一言」は相手を怒らせます。**

もし自分が「あなたって～」といった言い方で、自分の人格を悪い意味で決めつけられるような言い方をされたら、やはりカチンときてしまうはずです。

それがわかれば、相手に対して不用意に「決めつけの一言」を口にすることを控《ひか》えられるようになると思います。

頼み事をする時には、最初に相手をほめてからにする

◆非難しながら要求してはいけない

一方的な口調で相手を非難するようなことを言うのは控《ひか》えたほうが賢明です。

たとえば、

「あなたの仕事のやり方が悪いから、私が迷惑しているのがわからないんですか。どうにかしてくれませんか」

「あなたがノロノロしているから、この部署全体の雰囲気がダラダラしたものになってしまうんだ」というような言い方です。

こんな言われ方をしたら、相手は腹を立てて、

「そういう君だって、こちらに迷惑をかけているじゃないか」「いつ私がダラダラし

ていたというの。ダラダラしているのは、そちらじゃないですか」と言い返してくるでしょう。

そうなれば、お互いにカンカンに怒りながら言い争う、ということになるのです。

相手に何かを要請したい時には、その言い方に注意しなければなりません。

その際に大切なのは「相手の非を責める」のではなく、あくまでも**謙虚な態度で「お願いする」という言い方をする**ことです。そして、その際には、「ほめてから、お願いする」というのが上手な話し方になります。

「がんばってくれて、ありがとう。さらに、こういう工夫をしてくれれば、こちらも仕事をやりやすくなるんですが。お願いできますか」

「慎重に仕事を進めてくれるから、こちらも助かるよ。でも、締め切りが迫っているから、もう少しペースを速めたほうがいいよ」といった言い方です。

最初にほめておくことで、相手を不用意に怒らせることはないでしょう。

自分自身も、相手から言い返されて怒ることもなくなります。

相手を主語にして話すのではなく、「私」を主語にして話す

◆「私」の事情を説明しながら、相手に要請する

人に何かを要請する時には、話し方に工夫が必要になります。下手な話し方をすれば、相手を怒らせることになるからです。その際の、上手な話し方のコツとしては、**「相手を主語にするのではなく、『私』を主語にして話す」**というものがあります。たとえば、

「サッサと仕事を片づけてください」

ではなく、

「早く仕事を片づけてもらうと、私はすごく助かるんです」

という言い方です。

「そこを、どいてくれ。ジャマだ」

ではなくて、

「私は向こう側へ行きたいのですが、すみませんが、道を開けてもらえませんか」

という言い方です。

「大声を出さないでくれ。うるさいじゃないか」

ではなく、

「大きな声でなくても、私には十分に聞き取れます」

という言い方です。

このように**「私は～」**という言い方で、自分の都合を説明しながら、相手に何かを要請するという言い方をするほうが、相手にとっては抵抗感が少ないのです。

その結果、すんなりと、こちらの要請を受け入れてくれる可能性が高いのです。

もちろん相手を怒らせずに済みますし、こちらも感情を荒立てるようなことにはならないでしょう。

相手を尊重する気持ちがあれば、人間関係で怒らずに済む

◆相手を尊重する気持ちを、言葉遣いに表す

人とのコミュニケーションで大切なのは、「**相手を尊重する気持ちを持つ**」ということです。

この尊重思考があれば、それが自然に言葉遣いに現れます。

そして、こちらの考えが相手に伝わっていきます。

自分が尊重されていることがわかれば、相手もこちらに対していねいに対応するようになります。

そのようにして、お互いに相手を尊重する気持ちを持って接すれば、人間関係でトラブルが起こることもありません。

したがって、「相手を尊重する気持ちを持つ」ということも大切な「怒らないコツ」の一つになるのです。

慶応義塾大学の創設者である福沢諭吉（19〜20世紀）は、**誰に対しても「さん」をつけて名前を呼んでいた**と言います。

相手が、たとえ年下の者であったり、あるいは教え子であっても「さん」をつけて呼んでいました。

相手がどのような立場の人間であっても、決して呼び捨てにはしなかったのです。

これは福沢の「相手を尊重する気持ちを持つ」ことの表れだったと思います。

そういう気持ちがあったからこそ、福沢は、周りの人たちと円満な人間関係を結んでいたと思います。

もちろん、信望も得たのです。

その結果、誰かと大きなトラブルを起こして、お互いに怒りながら激しく言い合うということもなかったのです。

言葉づかいがうまい人は、人づき合いもうまい

◆良い言葉づかいは「怒らないコツ」の一つ

国文学者だった吉田精一《よしだせいいち》（20世紀）が興味深いことを述べています。

「『言葉づかい』という言葉があります。『近所づき合い』という言葉もあります。しかし、どんな辞書にも『言葉づき合い』という言葉はありません。私は人生はこの『言葉づき合い』の積み重ねと思っているんです」。

この吉田精一の言葉は、要約すれば、**「人間関係においては、言葉づかいがとても重要な意味を持っている」**ということだと思います。

言葉づかいが上手い人が、人間関係が上手い人なのです。

言葉づかいが上手い人は、周りの人たちと円満な関係を結んでいくことができます。

誰かと言い争いをして、怒ったり、怒られたりするということを避けられます。円満な人間関係の中で、平穏に生きていくことができるのです。

一方で、言葉づかいが下手な人は、不用意に相手を不愉快な気持ちにさせることを言ってしまいます。

そのために相手を怒らせてしまうことも多いのです。

そして、相手が怒って文句を言ってくれば、こちらも感情を荒立てることになってしまうのです。

言葉づかい＝人づき合いなのです。それが吉田精一の「言葉づき合い」という言葉に表れています。

では、どうすれば言葉づかいが上手になるのかと言えば、その基本は「相手を尊重する気持ちを持つ」ということなのです。

その気持ちがあれば、自然に、良い言葉づかいができるようになります。

聞き上手になることで、人間関係で怒ることがなくなる

◆自己主張する前に相手の話を聞く

穏やかな人間関係を結んでいく上で大切なことは、「**聞き上手になる**」ということです。

たとえば、誰かに自分の一方的な主張を長々と話したら、その相手は不愉快になってしまうと思います。

相手は、だんだんと、うんざりした表情になってくるでしょう。

そんな相手のうんざりとした表情を見れば、「この人は、私の言うことをちゃんと聞いているのか」と腹立たしい気持ちになります。

場合によっては、怒って、「私の話をちゃんと聞け」と文句を言ってしまうことにも

なりかねません。

そうなれば、お互いに感情を荒立てて口ゲンカをしてしまうことになります。

そういう意味では、自分の主張を一方的にしゃべるよりも、まずは相手の話をよく聞くことを心がけるほうが良いのです。

真剣に相手の話を聞く態度を取れば、相手も誠実にこちらの話に耳を傾けてくれます。その結果、コミュニケーションが深まって、お互いに相手の考えていることをわかり合えるのです。

そのようにして意思疎通できた相手とは、誤解や、気持ちのすれ違いということも、あまり起こらないのです。

ですから、お互いに怒って言い争うということをしなくて済みます。

言い争いは、往々にして、相手への無理解から生じます。

理解し合う関係であれば、言い争いは起こりません。

そして、理解し合うために大切なのは、まずは自分が相手の話をよく聞くことなのです。

自分よりも立場が低い者の言葉に誠実に耳を傾ける

◆部下の話から学ぶことができるリーダーになる

戦国時代の武将で、江戸時代に入ってからは肥前《ひぜん》佐賀藩（現在の佐賀県）の初代藩主になった鍋島直茂《なべしまなおしげ》（16〜17世紀）は、

「たとえ身分が低い者であろうとも、その者の話すことによく耳を傾けることが大切である。

というのも、身分が低い者であろうとも、正しく賢明なことを言う人は多いからである。身分が低い者は、話し方は下手かもしれないが、よく聞けば、なるほどと頷《うなず》けることも多いからである。

したがって、身分が低いからと言って、その者が話していることをバカにしたり、笑

ったりしてはいけない」（意訳）と述べました。

これは、あらゆる組織のリーダーに参考になると思います。

自分よりも立場が下の部下だからという理由だけで、部下の話をよく聞かないリーダーがいます。部下の話をよく聞かないまま、「おまえの意見は、くだらない」と、バカにしているような言い方をして、部下を笑うリーダーもいます。

リーダーから、そんな言い方をされ、そんな態度を取られたら、部下も怒りを感じ反抗的な態度を見せるでしょう。部下の反抗的な態度を見れば、リーダーもカッとして一層激しい言葉で部下を責めます。

そうなれば、リーダーと部下の信頼関係は崩れてしまいます。

部下としっかりとした信頼関係を築いていくためにも、「部下の話をよく聞く」という意識を持つことが大切です。

そして、部下の話をよく聞いてみれば、「なるほど、いいことを言っている」と気づくこともたくさんあるものなのです。

「教えてください」という気持ちで、人の話を聞く

◆聞き上手の人のほうが成功しやすい

聞き上手になるためのコツとして、相手がどのような立場にある人であっても、**「その人から教えてもらう」**という意識を持つことが大切です。

「私のほうが、あの人よりも物事をよく知っている。だから、私があの人に教えてあげるんだ」といった傲慢《ごうまん》な意識の持ち主は、決して聞き上手にはなれないでしょう。

「教えてください」という謙虚な気持ちを持って人に接してこそ、聞き上手になれます。

現在のパナソニックの創業者である松下幸之助は、

「私は人の話を聞くのが上手です。私は学問のある人が全部私よりよく見え、どんな

話でも素直に耳を傾け、自分自身に吸収しようとつとめました。よく他人の意見を聞く、これは経営者の第一条件です」と述べました。

まさに聞き上手であったからこそ、松下幸之助は、対人関係で争い事を起こすことなく、多くの人たちから慕《した》われ、たくさんの協力者を得ることができたのです。そして、それが経営者としての成功につながっていきました。

また、松下幸之助は、人の話を聞く時は、悪い姿勢を取ったり、腕を組んだりすることがなかったといいます。

一時間でも二時間でも、背筋をピンと伸ばした良い姿勢で、「なるほど、なるほど」と頷《うなづ》きながら、誠実に人の話を聞いていたといいます。

このような態度も、松下幸之助の「教えてください」という謙虚な気持ちの表れだったと思います。

謙虚な気持ちで人の話を聞くことも「怒らないコツ」になります。

「無学」ではなく、「有学《うがく》」という意識を持って生きる

◆「私は愚かだから学ぶことがたくさんある」という意識を持つ

仏教に「**無学**」という言葉があります。

これが一般的によく使われる言葉ですが、一般的に無学と言えば「教養がない」「愚かだ」といった意味で使われると思います。

しかし、仏教で言う「無学」とは、「すべてのことを学び尽くし、もうこれ以上学ぶことがない」という意味なのです。

つまり「愚かだ」という意味とは正反対なのです。

仏教で言う「無学」とは、「たくさんの教養があって、最高に賢い」ということを指しているのです。

一方で、仏教には**「有学《うがく》」**という言葉もあります。

これは、「学問がある」という意味ではありません。

この「有学」こそ、「愚かな人間として、学ぶべきことがたくさんある」という意味になるのです。

人間は、この「私は『有学』である」、つまり、**「私はまだまだ愚かな人間だから、たくさんのことを学んでいかなければならない」**という意識を持って、謙虚な気持ちで生きていくことが正しいと仏教は教えるのです。

また、そのような「私は『有学』である」という意識を持っていれば、人にも謙虚な気持ちで対応できるようになります。

そうなれば、「教えてください」という態度で、人の話をよく聞くことができるようになります。

そして、人間関係で、相手を怒らせたり、自分が怒ったりということもなくなるのです。

第9章
あえて争わない、言い返さない

言い返さない人が、心安らかに生きていける

◆売られたケンカを買わないようにする

「売り言葉に、買い言葉」ということわざがあります。

誰かに悪口を言われたとします。自分としても、思わずカッときて、ひどい言葉で言い返します。そうすると、相手も負けじと、さらにひどい言葉で悪口を言ってきます。そして自分も、さらに激しい口調で言い返します。

そのようにして、口ゲンカがエスカレートしていくのです。

「売り言葉に、買い言葉」とは、そのような状況を言い表した言葉です。

しかし、怒りにかられても言い返さないほうがいいと思います。

そうすることで無意味なケンカを避けることができるからです。

無暗に人と言い争うよりも、悪口を言われても言い返さないほうがずっと賢明です。

「金持ちケンカせず」ということわざもあります。

金持ちは、たとえ誰かからケンカを売られるような悪口を言われても、言い返したりはしないという意味です。

人とケンカしたからといって、何も得になることはないからです。

むしろ、そこで怒ってしまえば、自分自身が嫌な思いをすることになります。

もしそうならば「口ゲンカはしない」と決めて生きていくほうが、賢い生き方なのです。

そういう意味から言えば、この「金持ちケンカせず」ということわざにある「金持ち」は、「心安らかな幸せな人」と言い換えてもいいでしょう。

つまり、**「心安らかな幸せな人は、ケンカせず」**なのです。

日常生活の中では、時に、誰かから嫌な言葉を投げかけられることもあると思います。

しかし、よっぽどのことがない限り、そこで「言い返さない」と決めておくことが大切です。

「怒らない生き方」を、禅僧・良寛に学ぶ

◆自分の悪口を言う相手にも優しい心遣いを示す

江戸時代後期の禅僧である良寛《りょうかん》（18～19世紀）に、次のようなエピソードがあります。

ある日、一人の男が、良寛の住まいを訪ねてきました。

その男は、理由はわかりませんが、以前から良寛を嫌っていました。

たぶん良寛の人柄を誤解していたのでしょう。

それはともかく、その日に訪ねてきたその男は、面と向かって良寛の悪口を言い始めました。

しかし、良寛は一切言い返さずに黙っていました。

いくら悪口を言っても、怒りもせず、言い返してもこない良寛に、その男は張り合いのない気持ちになって、やがて悪口を言うのをやめて帰ってしまいました。

その時、急に雨が降り出しました。

良寛は、その場に居合わせていた別の人に、

「さっき、私の悪口を言って帰って行った人は、傘《かさ》を持ってきていたのだろうか」

と心配しました。

良寛は心優しい人でした。

自分の悪口を言われても、けっして怒ることのない人でした。

また、この話にあるように、自分の悪口を言った人に対しても、雨に濡れてしまうことを心配するような思いやりを持った人だったのです。

このような「怒らない人」だったからこそ、良寛は村中の人気者になり、安らかな一生を送れたのではないかと思います。

当時、他にも良寛を誤解して嫌っていた人もいたかもしれませんが、それよりはるかに多くの人から慕われたのが事実のようです。

良寛の「決して怒らない生き方」をお手本にする

◆悪意がある人間に対しても怒らないよう心がける

江戸時代の禅僧である良寛には、次のような話があります。

良寛を嫌っていた、川の渡し船の船頭《せんどう》がいました。

その船頭は、とても乱暴な男でした。

ある日、良寛が、一人でその船頭の舟に乗ってきました。

当時、良寛は「決して怒らない人」として村の人たちの間で人気者でした。

その船頭は、そんな良寛を、「意地悪をして、怒らせてやろう」と思いつきました。

そして、良寛が乗った舟を川中までこぎ出していくと、そこでわざと舟を揺らしました。そうやって、良寛を水の中へ突き落とそうとしたのです。

実際に、良寛は、水の中に落ちてしまいました。

しかし、良寛は泳げませんでした。

溺《おぼ》れている良寛を見て、船頭は慌《あわ》てて良寛を舟の上へ引き上げました。

向こう岸に着くと、良寛は、その船頭に、

「命を救ってくれて、ありがとう」

と、ていねいにお礼を言いました。

その船頭がわざと舟を揺らしたことは、良寛にもわかっていました。

それでも良寛は、その船頭にお礼を言ったのです。

後日、その船頭は良寛のもとを訪ねて行き、わざと舟を揺らして良寛を川へ落としたことを白状し、そして謝りました。

その時も、良寛は、決して怒ることなく、その船頭を許しました。

一般人にとって、このような良寛の「怒らない生き方」を実践していくのは難しいかもしれません。

しかし、時と場合によっては、この良寛の生き方を手本にしてみるのも良いと思います。

口ゲンカを売られたとしても、「相手にしない」ほうがいい

◆「勝ち負け」という観念を捨てる

仏教の創始者であるブッダ（紀元前5～4世紀頃）には、次のような話があります。

ある日、ブッダが、森の中で瞑想《めいそう》をしていました。

その時、ある男がブッダのもとへやって来ました。

その男は以前から、ブッダと口論をして言い負かしてやりたいと考えていました。

そこで、瞑想しているブッダに向かって、悪口をさんざん言いました。

しかし、ブッダは、一切反論することなく瞑想を続けていました。

そして、ブッダは瞑想を終えました。

その男は、瞑想を終えたブッダに向かって、

「あなたは私が悪口を言っても、言い返してこなかった。それは、あなたが私に負け、私があなたに勝った証《あか》しだ」

と、誇らし気《げ》に語りかけました。

するとブッダは、それに対して、

「口論をして勝ったとしても、嫌な思いが増すだけだろう。口論をして負けた者は、悔しさで夜も眠れなくなる。私は、勝ち負けという観念を捨て去っている。だから心安らかでいられる」

と言いました。

このブッダの言葉にある、「勝ち負けという観念を捨て去る」とは、言い換えれば、**無暗《むやみ》に口ゲンカを売ってくる人間など「相手にしない」**ということです。

そこで怒って言い返せば、たとえ口論に勝ったとしても、また口論に負けたとしても、いずれにしても自分が嫌な思いをするだけなのです。

そうならば、「相手にしない」というのがもっとも賢明な対処の仕方なのです。

怒りにかられて悪口を言うと、その災いは自分にもたらされる

◆善良な人を悪く言ってはいけない

仏教の創始者であるブッダには、次のような話があります。

ある村で、ブッダが托鉢《たくはつ》をして回っていた時のことです。

ちなみに「托鉢」とは、修行僧が家々を歩き回って、食べ物などを寄付してもらうことを言います。ブッダは、当時、托鉢によって食べ物を得ていたのです。

その日も托鉢をして回っていると、一人の男がブッダに近づいてきました。

その男は、誤解から、ブッダに強い怒りを感じていました。

そして、面と向かって、ブッダの悪口を言いまくりました。

しかし、ブッダは無視していました。

すると、その男は、自分が無視されたことに一層腹を立てて、地面の砂をつかむとブッダに向けて投げつけました。

その時、強い風が起こりました。

砂は風にあおられて、投げつけたその男の顔に当たりました。

男は砂が目に入って、とても痛い思いをしたのです。

その男に向かって、ブッダはこう語りかけました。

「決して怒らない人に対して怒りをぶつけ、善良な人間に対して悪口を言う人間は、かえって自分自身が痛い思いをする」

「決して怒らない人」「善良な人間」とはブッダ自身のことです。

つまり、このブッダの言葉は、**「怒りにかられて悪口を言ったり、乱暴なまねをすれば、その人自身に災《わざわ》いがもたらされる」**と指摘したのです。

やはりブッダは、「怒らない」ということの大切さを説いたのです。

人と争おうという意識があるから、怒りに火がつく

◆争わないところに、怒りの感情も生じない

鎌倉時代中期の貴族であり、また文学者だった橘成季（たちばなのすえなり・13世紀）は、**「争い事というものは、それが起こった時は小さなことであっても、だんだんと大きな争い事へと発展していくものだ。どちらが勝った負けたということを決することだけでは収まらずに、殺し合いになることすらある」**（意訳）と述べました。

つまり彼は、**「争い事というものは、往々にして、エスカレートしていきやすい」**ということを指摘しているのです。

では、なぜ争い事はエスカレートしていきやすいのかと言えば、そこには怒りの感情が影響していると思います。

怒りの感情にいったん火がつくと、それはどんどん激しく燃え盛っていきやすいのです。

それは、たとえれば、風の強い日に起こった火事のようなものです。

風にあおられて火が燃え広がっていくように、怒りに火がつくと自分の心の隅々にまで燃え広がってしまいます。

橘成季の言葉を借りて言えば、それこそ「殺し合い」を引き起こしかねないところまで、怒りの感情は激しくなってしまうのです。

では、どうすれば、そのようなことにならずに済むのかと言えば、初めから争い事など起こさなければ良いのです。

人と争うという意識など初めから持たずにいればよいのです。

そうすれば、怒りという感情も生じないのです。

人と争おうとするから、怒りの感情に火がついてしまうのです。

いくら怒っても、相手を凹《へこ》ませることは永遠にできない

◆初めから「ケンカはしない」と決めておく

小説家の夏目漱石《なつめそうせき》（19～20世紀）は、「**人とケンカをするのは簡単にできる。しかし、相手を黙らせるのは十年かかるか、二十年かかるか、やり方次第では、生涯《しょうがい》相手を凹ませることはできないかもしれない**」（意訳）と述べました。

怒りにかられて、感情的になって、激しい言葉で相手を責めたとします。

しかし、それでもって相手に、「まいりました。あなたには敵《かな》いません」と降参させることはできないのです。

相手を黙らせることはできないのです。

むしろ相手は、負けじと激しく言い返してくるでしょう。

いくら激しい言葉で相手を責めても、相手を凹ませることができません。

ですから、争い事は、往々にして、エスカレートしていきやすいのです。

怒りの感情というものは、いったん火がつくと、一層激しく燃え盛ることになりやすいのです。

それでどうなるかと言えば、一生の間、その相手と争い事を繰り返さなければならなくなります。

怒りの感情が休まる時もなくなるのです。

賢い人というのは、こういう愚かな真似はしません。

最初から**「人とケンカをして、その相手をやっつけてやろう」などとは考えない**のです。初めから、人とケンカなどしないのです。

「人と争おうとは思わずに生きていくのは賢明だ」と、夏目漱石はこの言葉で教えているのです。

無益な争い事に巻き込まれるよりも、「逃げる」ほうがいい

◆「穏やかな生き方」を守るために逃げる

時には、相手から口ゲンカをしかけられることがあると思います。

ひどい言葉をかけられて挑発《ちょうはつ》される場合もあるでしょう。

しかし、そこで相手の挑発に乗って言い返してしまったら、自分自身が「終わりのない言い争い」に巻き込まれていくばかりです。

エスカレートしていくばかりの怒りの感情に、いつまでも振り回されることになります。

それは決して、自分にとって良いことではありません。

そうならば、口ゲンカを売られても、それを買わないという態度を取るほうがずっ

と賢明なのです。

「逃げるが勝ち」ということわざがあります。

「無益で愚かな争い事に巻き込まれるのであれば、むしろ逃げるほうが得策である。そのほうが自分のためになる」ということを指摘したものです。

「逃げる」ということを恥《はじ》に思う必要などまったくないのです。

「逃げる」ということは「負け」ではありません。

むしろそれは「勝ち」につながるのです。

逃げることによって、怒りの感情に振り回されることなく、穏やかに生きて行けるのですから、それは自分の人生にとっては「勝ち」なのです。

相手を打ち負かすことが「勝ち」なのではありません。

自分自身にとって賢い選択をすることが「勝ち」なのです。

やはり「逃げるが勝ち」ということわざも、誰かにケンカをしかけられることがあっても、その挑発に乗ることはしないほうがいい、と指摘しているのです。

人と争わず、ニッコリ笑っているのがいい

◆優しい気持ちを持って、相手に考え方を改めてもらう

芸術家の岡本太郎（20世紀）は、「**人と争うのじゃなくて、ニッコリ笑っていればいい。そうするといつか相手に君自身の純粋さがわかってくる。そして、相手も君みたいな純粋さを持てればいいなと思いはじめるものなんだ**」（意訳）と述べました。

誰かに口ゲンカを売られたとします。

ひどい言葉を投げかけられたとします。

しかし、そこで怒って言い返すことはありません。

岡本太郎は、この言葉で、「ニッコリ笑っていればいい」と述べています。

実際には、なかなかできることではないかもしれません。

しかし、「ニッコリ笑っていればいい」とは、言い換えれば、**「争わない」という生き方を相手に示していく**のが大切だということです。

そういう態度を示せば、相手もこちらの「純粋さ」に気づいてくれます。

この「純粋さ」とは、「優しさ」と言い換えてもいいと思います。

こちらがいかに優しい気持ちの持ち主であることが相手に伝われば、相手もそれ以上、口ゲンカをしかけてくることはないのです。

むしろ相手も、こちらの優しい気持ちに感化されて、争い事をしかけてくる態度を改めてくれるかもしれません。

相手が、「無益な争い事はやめよう」と思いを改めてくれるかもしれないのです。

そうなれば、自分にとっても良いことですし、相手にとってもまた益のあることになるのです。

純粋な心、つまり優しい気持ちを持って人とつき合っていき、そして、周りの人たちと穏やかな人間関係を結んでいくことが幸せに生きるコツです。

何事にも争わずに順応していく「水」のあり方から学ぶ

◆人と争って怒るよりも、水のように生きるのがいい

古代中国の思想家である老子《ろうし》（紀元前6世紀）は、**「上善《じょうぜん》、水の如《ごと》し」**と述べました。

この言葉にある「上善」とは、「最高の生き方」という意味です。

つまり、**「すぐれた最高の生き方とは、水のように生きる」**と言っているのです。

老子は、「争わない生き方」を、彼の思想の中心に置いていました。

そして、この「争わない生き方」を象徴するものが「水」だったのです。

水は高いところから低いところへ向かって流れていきます。

自然の法則に逆らって、低いところから高いところへ逆流していくことはありません。

また、水は、四角い器《うつわ》に入れば四角い形になり、丸い器に注がれれば丸い形になります。

そのような順応性があるのです。

器の形に逆らって、四角い器の中で丸い形になろうとしたり、反対に丸い器の中で無理に四角い形でいようとはしません。

そしてまた「水」は、そのようにして何に対しても逆らったりすることなく、植物に、動物に、人間に、様々な益をもたらしているのです。

人間も、そのような「水」のあり方を手本として生きていくことが大切です。

現代の日本では、人と争いながらカリカリと怒って生きている人がたくさんいます。

そのような人は、時に、この老子の言葉の意味について考えても良いでしょう。

安らかな心で生きていくヒントが得られるはずです。

植西 聰（うえにし・あきら）

東京都出身。著述家。
学習院大学卒業後、資生堂に勤務。
独立後、人生論の研究に従事。
独自の『成心学』理論を確立し、人々を明るく元気づける著述を開始。
一九九五年（平成七年）、「産業カウンセラー」（労働大臣認定資格）を取得。

〈主な著書〉

・折れない心をつくるたった1つの習慣（青春出版社）
・平常心のコツ（自由国民社）
・「いいこと」がいっぱい起こる！ブッダの言葉（三笠書房・王様文庫）
・マーフィーの恋愛成功法則（扶桑社文庫）
・ヘタな人生論よりイソップ物語（河出書房新社）
・運がよくなる100の法則（集英社・be文庫）

〈近著〉

・人生が劇的に好転するグチ癖リセット術（大和書房）
・昨日よりちょっとうまくいく「一日一生」の教え（祥伝社）
・「足るを知る」と幸せになれる（扶桑社）
・眠る前に1分間ください。明日、かならず「良いこと」が起こります。（キノブックス）

怒《おこ》らないコツ

「ゆるせない」が消える95のことば

二〇一八年（平成三十年）十月十七日　初版第一刷発行

著　者　植西 聰
発行者　伊藤 滋
発行所　株式会社自由国民社
東京都豊島区高田三―一〇―一一
〒一七一―〇〇三三 http://www.jiyu.co.jp/
振替〇〇一〇〇―六―一八九〇〇九
電話〇三―六二三三―〇七八一（代表）
造　本　ＪＫ
印刷所　新灯印刷株式会社
製本所　新風製本株式会社